Ewald Johannes Brunner

Organisationsberatung lernen

D1666134

Ewald Johannes Brunner

Organisationsberatung lernen

Lambertus

Die Deutsche Bibliothek – CIP-Einheitsaufnahme

Ein Titeldatensatz für diese Publikation ist bei
Der Deutschen Bibliothek erhältlich

© 2002, Lambertus-Verlag, Freiburg im Breisgau
Umschlaggestaltung: Christa Berger, Solingen
Satz und Layout: Ursi Aeschbacher, Herzogenbuchsee (Schweiz)
Herstellung: Franz X. Stückle, Druck und Verlag, Ettenheim
ISBN 3-7841-1392-3

Inhalt

Vorwort
von einem, der auszog,
Organisationsberatung zu lehren und zu lernen

Dieses Buch ist ein Reisebericht, der durch die Höhen und Tiefen der Organisationsberatung in sozialen und pädagogischen Handlungsfeldern führt. Ich berichte Ihnen, liebe Leserin und lieber Leser, vom Lehren und Lernen von Organisationsberatung, wie ich sie erfahren habe. Mein Ausgangspunkt für die Beschäftigung mit Organisationsberatung war eine Ausbildung zum Familienberater/Familientherapeuten. Dort hatte ich die Möglichkeit, einiges an Praxiserfahrungen in der Arbeit mit „sozialen Systemen" zu sammeln. Als Wissenschaftler war ich dabei auch sehr an den theoretischen Grundlagen der Familientherapie interessiert und habe darüber hinaus auch eine Reihe von empirischen Arbeiten in diesem Feld vorgelegt.

Zur Organisationsberatung im eigentlichen Sinne kam ich erst nach und nach: Als Sozialpsychologe lag mir das Studium von Gruppenprozessen sehr am Herzen, der Sprung zur Beschäftigung mit Organisationsstrukturen und Organisationsprozessen war von da her nicht weit und die systemische Orientierung in der Familientherapie hat mir diesen Übergang „von der Familientherapie zur Organisationsberatung" leicht gemacht.

Die meisten Kompetenzen in der Organisationsberatung habe ich allerdings dann auf die Weise erworben, dass ich einen universitären Aufbaustudiengang „Pädagogische Organisationsberatung" an der Universität Jena ins Leben gerufen habe, für dessen Konzeption und Durchführung ich federführend verantwortlich bin. Über dieses postgraduale Studium werde ich später noch ausführlicher berichten. Hier nur so viel: Dieses auf drei Semester hin angelegte Studium findet in der Form eines Projektstudiums statt. Das heißt, dass die Praxis der Organisationsberatung in diesem Aufbaustudium eine zentrale Stelle einnimmt. Die Studierenden lernen, was Organisationsberatung ist und was Organisationsberatung kann, indem sie selbst aktiv an Organisationsberatungsprozessen teilnehmen und mitwirken.

Im Rahmen des Aufbaustudiums „Pädagogische Organisationsberatung" nehme ich zusammen mit den Studierenden Kontakte auf zu Einrichtungen im sozialen Bereich, im Bildungsbereich oder im Bereich der öffentlichen Verwaltung. Wir lassen uns einen bestimmten Auftrag geben, den wir dann gemeinsam bearbeiten. Für die Studierenden des Aufbaustudiums ist das „learning by doing".

Genau so wichtig wie die Praxis der Organisationsberatung im Rahmen dieses Aufbaustudiums sind aber auch das Nachdenken über die Tätigkeit als Organisationsberater und die Erarbeitung der dazu erforderlichen theoretischen Grundlagen. Gemeinsam mit den Studierenden des Aufbaustudiengangs befasse ich mich mit Theoriebausteinen, die wir unserem beraterischen Handeln zugrunde legen können. Wir fragen nach dem Menschenbild, das uns in unserer Beratungspraxis als Leitbild dient. Wir stellen uns die Frage, welches Verständnis von Organisationsberatung wir haben.

Dieser Reisebericht ist also auf weite Strecken die Dokumentation des postgradualen Studiengangs „Pädagogische Organisationsberatung" an der Universität Jena. Ich beschreibe die Hürden und die Fallstricke, die es auf diesem Weg gibt, genauso wie die Ausblicke und die „Sehenswürdigkeiten". Von besonderem Interesse ist für mich das Feld der Qualitätssicherung und Evaluation.

Ich habe mir also die Stiefel geschnürt und bin ausgezogen, um in Erfahrung zu bringen, wie man das Geschäft der Organisationsberatung am besten lehren und lernen kann. Um einen anschaulichen Zugang zu diesem Arbeitsfeld zu ermöglichen, berichte ich auch aus meiner Praxis der Organisationsberatung – natürlich unter Wahrung der Anonymität der Betroffenen.

Auf meiner Reise, auf der Sie mich nun begleiten, war ich nicht allein: Viele habe ich angetroffen, die mir mit Rat und Hilfe zur Seite standen. Eine ganze Reihe von Personen waren wegweisend für mich: Ihnen sage ich im Nachwort extra Dank.

Jena, im Februar 2002   Ewald Johannes Brunner

Zum Aufbau des Buchs

Das vorliegende Buch lädt dazu ein, Organisationsberatung in pädagogischen und sozialen Handlungsfeldern aus ganz verschiedenen Perspektiven kennen zu lernen. Das Buch ist in drei Teile gegliedert:

I   Wie lässt sich Organisationsberatung theoretisch begründen?

II   Wie sieht die Praxis der Organisationsberatung in pädagogischen und sozialen Handlungsfeldern aus?

III   Was bedeutet die Frage nach der Qualität pädagogischer und sozialer Arbeit für die Organisationsberatung?

Die Kapitel des Buchs sind so geschrieben und so zusammengestellt, dass man mit der Lektüre des Buchs an einer beliebigen Stelle anfangen kann, je nachdem, an welchen inhaltlichen Schwerpunkten man gerade interessiert ist.

Die 17 Kapitel des Buchs gliedern sich in die oben genannten drei Teile.

Im ersten Teil des Buchs („Konzeptionelles") geht es um grundlegende Überlegungen zur Organisationsberatung in pädagogischen und sozialen Handlungsfeldern. Zunächst frage ich danach, was Organisationsberatung eigentlich ist und welchen Charakter sie in den pädagogischen und sozialen Handlungsfeldern hat (Kapitel 1 und 2). Eine zentrale Bedeutung kommt dann der Frage zu, wie man Organisationsberatung lernen kann (Kapitel 3). In Kapitel 4 wird das für die Organisationsberatung wichtige Schlüsselkonzept der Kommunikation entwickelt. Kapitel 5 thematisiert, ob und wie weit Organisationen denn überhaupt zu Veränderungen fähig sind. Am Schluss des ersten Teils finden sich die beiden zentralen theoretischen Kapitel 6 und 7 dieses Buches, die in die Selbstorganisationstheorie einführen.

Der zweite Teil des Buches bietet einen Einblick in die Praxis der Organisationsberatung in pädagogischen und sozialen Handlungsfeldern. In den einzelnen Kapiteln werden Themenstellungen behandelt, die im Alltag der Organisationsberatung immer wieder vorkommen und zugleich eine zentrale Stellung einnehmen:

Die Auftragsklärung ist Thema von Kapitel 8. Kapitel 9 führt in die Arbeit in Projektgruppen ein. Ausführungen über das Konfliktmanagement

(Kapitel 10) und die Konzept- und Zielfindung in Organisationen (Kapitel 11) schließen sich an. Führung in Organisationen und innerbetrieblicher Informationsfluss sind die Themen in Kapitel 12 und 13.

Im Mittelpunkt des dritten Teils des Buches steht die Frage nach der Qualität pädagogischer und sozialer Arbeit, wie sie sich für die Organisationsberatung stellt. In Kapitel 14 skizziere ich die Bedeutung von Qualitätssicherung in Unternehmen und Organisationen. In Kapitel 15 versuche ich, die Begriffe „Qualität", „Effektivität", „Effizienz" und „Evaluation" zu klären. Thema von Kapitel 16 ist das Für und Wider zur Zertifizierung von pädagogischen und sozialen Einrichtungen. Die Notwendigkeit, in diesen Handlungsfeldern die Kategorie der „Orientierungsqualität" mit zu bedenken, wird in Kapitel 17 begründet und diskutiert.

Im Anhang des Buchs findet sich die Danksagung für alle diejenigen, denen ich entscheidende Impulse für das Lehren und Lernen von Organisationsberatung zu verdanken habe.

Die Quellenhinweise im Anschluss daran geben Auskunft über die Herkunft einiger Abschnitte des Buchtextes: Einige Textteile stammen aus Vorträgen, die ich gehalten habe, oder aus Aufsätzen, die ich vor einiger Zeit veröffentlicht habe.

I

Konzeptionelles

Kapitel 1
Von der Zweckbestimmung der Organisationsberatung

Unternehmensberatungsfirmen für Industriebetriebe und Handelsunternehmen sprießen wie Pilze aus dem Boden. Für das Jahr 2000 wurde der Umsatz, der von diesen Unternehmensberatern erzielt worden ist, auf 12 Milliarden Euro geschätzt. Demgegenüber ist Organisationsberatung in sozialen und pädagogischen Handlungsfeldern[1] noch wenig verbreitet. Gelegentlich liest man, dass zum Beispiel ein großer freier Träger der Jugendwohlfahrt eine Unternehmensberatungsfirma zur Rate gezogen hat. Was versprechen sich die Verantwortlichen im Sozialbereich davon, wenn sie erfahrende Industriemanager für ihren Sozialbetrieb engagieren? Sind denn Industriemanager, die sich aufs Beraten verlegt haben, für den sozialen und pädagogischen Bereich überhaupt kompetent? Unternehmensberater in Industrie und Handel befassen sich doch beispielsweise damit, Betriebe wettbewerbsfähiger zu machen. Nun sind aber soziale und pädagogische Einrichtungen und Institutionen der öffentlichen Verwaltung nicht an einer Gewinnmaximierung interessiert. Die Uhren in diesen Non-Profit-Organisationen gehen doch offenbar anders als die der Unternehmen im Wirtschaftsbereich. Wie ist es dann überhaupt möglich, dass sich Sozialbetriebe beispielsweise von Unternehmensberatern aus dem industriellen Sektor beraten lassen können? Gibt es vielleicht doch einige strukturelle Gemeinsamkeiten bei Profit- und Non-Profit-Unternehmen? Liegen diese Gemeinsamkeiten unter anderem darin, dass pädagogische und soziale Einrichtungen und Institutionen der öffentlichen Verwaltung auch wirtschaftlich arbeiten müssen?
Fragen über Fragen tun sich plötzlich auf, wenn wir Genaueres über die Funktion von Organisationsberatung im sozialen und pädagogischen

---

[1] Den Begriff „soziale Einrichtung" verwende ich in diesem Buch für alle Einrichtungen und Organisationen im psychosozialen Bereich bzw. im Non-Profit-Bereich. Synonym dazu gebrauche ich die Begriffe „soziale Organisation" und „Sozialbetrieb". – Analog dazu verwende ich den Begriff „pädagogische Einrichtung" als Sammelbegriff für alle Institutionen und Organisationen im Erziehungs- und im Bildungsbereich.

Bereich wissen wollen. Gehen wir der Reihe nach vor: Wenn wir Unternehmensberatung und Organisationsberatung miteinander vergleichen, Unterschiede und gegebenenfalls auch Gemeinsamkeiten beider herausarbeiten wollen, müssen wir zunächst einmal festhalten, welche Ziele eine Unternehmensberatung in Industrie und Handel verfolgt und wozu Organisationsberatung im sozialen, im pädagogischen und im Verwaltungssektor gut sein soll.

Schauen wir uns die wirtschaftsbezogene Unternehmensberatung einmal genauer an. Sie weist ein breites Spektrum an einzelnen Dienstleistungsangeboten auf. Da wird beispielsweise von einem Unternehmensberatungsinstitut ein „Strategie-Consulting" angeboten. Liest man nach, was mit diesem Strategie-Consulting gemeint ist, so erfährt man, dass das Angebot sich auf Analysen der Geschäftsabläufe und Marktstrategien eines Unternehmens bezieht, „um die besten Wege zur Realisierung von Wettbewerbsvorteilen zu ermitteln" (so im Originalton: www.ch.scs.com).

Was dieser Unternehmensberater nun im Einzelfall vorschlagen wird, wissen wir nicht. Wir können dazu nur Vermutungen anstellen. Was wäre, wenn diese Unternehmensberatungsfirma für ein großes Kaufhaus tätig werden würde?

Denken wir uns dazu folgendes Szenario eines „Strategie-Consulting" für den Bereich Verkauf und beginnen wir mit der Standardsituation: Angenommen, ein Kunde betritt ein Warenhaus, um sich zu informieren oder um eine Ware zu erwerben. Wenn er suchend um sich schaut, wird vermutlich eine Verkäuferin auf den potentiellen Kunden zugehen, um ihn zu beraten und um ein Verkaufsgespräch zu führen.

Eine Unternehmensberatung könnte nun beispielsweise zunächst darin bestehen, Vorschläge zur Verbesserung der Verkaufsstrategien von Verkäuferinnen und Verkäufern gegenüber potentiellen Kunden zu machen. Die Unternehmensberatung könnte dann auch noch – auf der Basis entsprechender Analysen – weitere Strategieempfehlungen für den Verkaufsbereich geben (zum Beispiel die Durchführung von Verkaufstrainings empfehlen; etc. pp.).

Alles läuft darauf hinaus, die Geschäftsleitung des Warenhauses bei der Identifizierung und Realisierung neuer Strategien im Verkaufsbereich zu unterstützen. So weit, so klar. Lassen Sie uns nun dazu eine Zusatzfrage stellen: Wenn die besagte Unternehmensberatung im Auftrag des Kaufhauses tätig wird, wird sie dann für ihre Beratungstätigkeit eine Erfolgsgarantie geben?

Mit dieser Frage berühren wir einen heiklen Punkt, wie die gegenwärtige Diskussion zeigt.[2] Der Bundesverband Deutscher Unternehmensberater (BDU) in Bonn hat sich bislang dagegen gewehrt, das Prinzip „Bezahlung einer Unternehmensberatung nach Erfolg" anzuerkennen. Dieses Prinzip galt bisher als unseriös.

Aber zunehmend (und vielleicht unter dem Eindruck eines verschärften Wettbewerbs) verlangen die Betriebe, die sich von Unternehmensberatungsfirmen beraten lassen, eine Art Erfolgsgarantie. Oder mit anderen Worten: die Betriebe, die Beratung in Anspruch nehmen, verlangen, dass die Unternehmensberatung einen Teil des Risikos übernimmt.

Damit ist ein entscheidendes Kriterium für unseren Vergleich von wirtschaftsbezogener Unternehmensberatung mit Organisationsberatung im sozialen und pädagogischen Bereich angesprochen: Es geht in der Unternehmensberatung um das Geschäftliche (in welcher Form auch immer: „Wettbewerbspositionierung"; „Geschäftsfeldstrategie"; etc.). Würden wir entsprechende Eintragungen im Handelsregister studieren, so würde der „Gegenstand des Unternehmens" beispielsweise lauten: „Entgeltliche Planung, Beratung, Gestaltung, Bearbeitung und Durchführung von Aufträgen auf dem Gebiet des XYZ ..."

Demgegenüber steht die Gewinnmaximierung bei der Organisationsberatung in pädagogischen und sozialen Handlungsfeldern und in öffentlichen Verwaltungen nicht im Mittelpunkt. Vergegenwärtigen wir uns dies wiederum an einem Beispiel, das ich diesmal der wissenschaftlichen Literatur entnehme (Bellebaum 2001; zitiert nach der Auflage von 1974). Es handelt sich um eine schon etwas ältere Darstellung, die für uns aber den Vorteil hat, dass damit eine gewisse Distanz zum Thema gegeben ist:

Bellebaum charakterisiert *Organisationen* als „formelle bzw. organisierte Gruppen". Das Handeln der Mitglieder solcher Gruppen richte sich ausschließlich auf im einzelnen genau fixierte Gruppenziele. Jedes Gruppenmitglied habe seinen bestimmten Arbeitsplatz, sein genau umschriebenes Aufgabengebiet.

---

[2] Ich beziehe mich auf einen Bericht in der Süddeutschen Zeitung (22/2002, S. V1/15) von Birgit Obermeier mit dem Titel „Bröckelndes Tabu. In wirtschaftlich turbulenten Zeiten fordern immer mehr Manager, dass Unternehmensberater für ihre Strategien haften".

„Die im Außendienst tätige Fürsorgerin besucht einen Klienten und schreibt einen Bericht, der Sachbearbeiter im Innendienst liest den Bericht und hakt ab, der Abteilungsleiter liest ebenfalls und genehmigt, die Sekretärin schreibt die Zahlungsanweisung aus, der Kassierer liest gegen und überweist das Geld, der Prüfer liest erneut und entdeckt einen Fehler, der Leiter des Sozialamtes wird mit dem Fall befasst, sein Assistent hält die Auszahlung überhaupt für ungerechtfertigt, der Abteilungsleiter bekommt einen Rüffel, er gibt ihn an den Sachbearbeiter weiter, dieser hält die Fürsorgerin für schuldig, sie macht einen neuen Besuch – und wenn sie auf ihrer Interpretation des Falles besteht und vielleicht noch die Presse davon erfährt, beginnt alles von vorn, exakt, bürokratisch geregelt" (Bellebaum 1974, S. 40).

In diesem Beispiel ist, verglichen mit den obigen Erörterungen über das Geschäftsgebaren in der wirtschaftsbezogenen Unternehmensberatung, keine Rede von Beratung[3] oder von Organisationsberatung. Wir könnten uns jedoch leicht denken, dass die Art und Weise der hier skizzierten Arbeitsteilung, die ohnehin nicht mehr zeitgemäß zu sein scheint, eine Organisationsberatung nahe legen würde. Ziel wäre zum Beispiel eine Effizienzsteigerung der Verwaltungsabläufe. Ich werde in diesem Buch verschiedene Praxisfelder der Pädagogik und der Sozialarbeit streifen und auf weitere Beispiele von Organisationsberatung detaillierter zu sprechen kommen.

Zunächst einmal aber ist es mir wichtig, nicht auf das Trennende, sondern auf das Verbindende zwischen Unternehmensberatung und Organisationsberatung hinzuweisen: In beiden Sphären, sowohl im Profit- als auch im Non-Profit-Bereich, gibt es ein bestimmtes Charakteristikum von Organisationen, das ich als ihr Herzstück bezeichnen möchte, nämlich die *Zielorientiertheit* eines Unternehmens oder einer Organisation. Auch Verwaltungen, auch soziale und pädagogische Einrichtungen existieren nicht zum Selbstzweck, sie verfolgen vielmehr je spezifische Ziele, sie dienen einem bestimmten Zweck und dieser Zweck ist der Puls in den Adern einer Organisation/eines Unternehmens. Darin sind sich Profit- und Non-Profit-Unternehmen gleich: Sie folgen – je für sich – einem bestimmten Ziel, das ihre Funktion als soziales System definiert. Von einem Kaufhaus ist nicht zu erwarten, dass es zu karitativen Zwecken errichtet worden ist. Und einem Sozialamt unterstellen wir nicht, dass es

---

[3] Es handelt sich bei Bellebaum (1974) an dieser Stelle um die Erläuterung der Charakteristika von Organisationen; im zitierten Beispiel geht es um das arbeitsteilige Zusammenwirken von Einzelindividuen in Organisationen.

darauf aus ist, „die besten Wege zur Realisierung seiner finanziellen Wettbewerbsvorteile zu ermitteln" (s.o.).

Damit können wir einen ersten Baustein für eine Theorie der Organisationsberatung benennen:

Organisationen/Unternehmen sind primär dadurch bestimmt, dass sie ein Ziel oder ein Bündel von Zielen verfolgen.

Die meisten Sozialwissenschaftler nennen als übergreifendes Merkmal einer Organisation eben diese Ziel- oder Zweckorientierung. Organisation ist nach Stoner, Freeman und Gilbert (1995) definiert als ein strukturiertes soziales System, das aus Einzelpersonen und Gruppen besteht, die zusammenarbeiten, um gemeinsam bestimmte Ziele zu erreichen.[4]

Damit kommen wir dem, was Organisationsberatung (und auch Unternehmensberatung) ausmacht, näher: Wenn sich Organisationen daraus bestimmen, welche Ziele und Zwecke sie verfolgen, so ist der wichtigste Orientierungspunkt für die Organisationsberatung die Frage, ob die Zielorientierung einer Organisation mit dem übereinstimmt, wie die Organisation strukturiert ist und was in ihr abläuft. Die Organisationsberaterin, der Organisationsberater fragt zum Beispiel danach, ob das Management eine einheitliche Vorstellung darüber hat, wohin die Entwicklung in der betreffenden Einrichtung führen soll. Oder: Kennen und akzeptieren die Mitarbeiterinnen und Mitarbeiter die Philosophie des Unternehmens? Im Idealfall verkörpert jedes Mitglied einer Organisation Sinn und Zweck der Unternehmung. Jedes Mitglied einer Organisation ist deshalb grundsätzlich ein möglicher Ansprechpartner bei einer Organisationsberatung.

Als Fazit aus den Erörterungen über Verschiedenheiten und Übereinstimmungen von wirtschaftsbezogener Unternehmensberatung und non-profit-orientierter Organisationsberatung halten wir fest:

In Bezug auf die Zielorientiertheit einer Unternehmung oder einer Einrichtung ähneln sich die Beratungsprozesse im Profit- und im Non-Profit-Bereich. Wir können deshalb Organisationsberatung bzw. Unternehmensberatung in ganz allgemeiner Form definieren:

---

[4] Ähnlich charakterisiert Max Weber (2001) in „Wirtschaft und Gesellschaft" das Wesen von Organisationen: Sie bestehen seiner Meinung nach aus den sozialen Beziehungen der Personen innerhalb der Organisation, weisen eine Struktur und Ordnung auf (Entscheidungs- und Verantwortungshierarchie; Arbeitsteilung) und sind charakterisiert dadurch, *dass die Aktivitäten innerhalb einer Organisation zweckgebunden sind und auf ein bestimmtes Ziel ausgerichtet sind.*

Organisationsberatung ist die professionelle Unterstützung und Beglei-
tung von Organisationen in ihren Zielfindungsprozessen und in der Op-
timierung ihrer Zweckorientierung.

Die Unterschiede zwischen der marktbezogenen Unternehmensberatung
und der non-profit-orientierten Organisationsberatung sind dann in den
inhaltlichen Ausprägungen der Ziele und Zwecke der Unternehmungen
zu finden. Diese Inhalte bestimmen als Motor des Handelns gewissermaßen die internen Organisationsabläufe und führen zu ganz verschiedenen Organisationskulturen, die eine Organisationsberaterin/ein Organisationsberater natürlich beachten muss, wenn sie/er mit einer Organisation oder einem Unternehmen erfolgreich zusammenarbeiten will.

Kapitel 2
Organisationsberatung in sozialen und pädagogischen Handlungsfeldern

Im vorangegangenen Kapitel habe ich – ausgehend von einem Vergleich zwischen Unternehmensberatung im Profit- und im Non-Profit-Bereich – aufgezeigt, was für jede Organisationsberatung generell gilt: Die Orientierung an Ziel und Zweck eines Unternehmens. Damit ist aber noch kaum etwas gesagt über die Besonderheiten von Organisationsberatung in sozialen und pädagogischen Handlungsfeldern und in öffentlichen Verwaltungen. Was macht dort Organisationsberatung aus? Gibt es eine spezielle Organisationsberatung für Soziales und für Pädagogisches?

Aufgrund der Besonderheiten (sozial-)pädagogischer Institutionen und Organisationen mit ihren ganz spezifischen Aufgabenstellungen ergeben sich auch besondere Anforderungen an Organisationsberatung. Während sich wirtschaftliche Unternehmen primär am Profit orientieren, bauen Organisationen im Non-Profit-Bereich auf anderen gesetzlichen Grundlagen auf und folgen anderen gesellschaftlichen Aufgabenstellungen. Sie sind „eine Welt für sich". Theorie und Praxis der Organisationsberatung haben sich danach zu richten.

Bleiben wir zunächst bei der Frage nach einer adäquaten Theorie für Organisationsberatung in pädagogischen und sozialen Handlungsfeldern. Gibt es eine solche Theorie?

Um den Weg zu einer Organisationsberatungstheorie des Sozialen und des Pädagogischen zu verdeutlichen, nehme ich ein Beispiel zu Hilfe. Ich zitiere dazu aus einem Brief, den ich vor einigen Jahren erhalten habe. Der Schreiber, der als Sozialpädagoge in einem Großkrankenhaus arbeitet, hält darin fest: „Nicht nur im Krankenhaus, sondern allerorten in den umliegenden sozialen Einrichtungen und Institutionen ist es zu massiven Kürzungen und Entlassungen gekommen und die Stimmung in den mir bekannten Einrichtungen ist eher als gedrückt zu bezeichnen. Was im Krankenhaus sicher als erschwerend hinzukommt, sind deutliche Führungsschwächen in der ärztlichen Leitung, massive Kämpfe innerhalb der Krankenhausbetriebsleitung, mangelnde Präsenz des neuen Geschäftsführers und eine nicht mehr rational zu erklärende Informati-

onspolitik (inhaltsleere programmatische Äußerungen, Ankündigung von drastischen und einschneidenden Veränderungen bereits seit Monaten, eine Vielzahl sich widersprechender Gerüchte und oft in allerletzter Minute das Bekanntgeben von konkreten Maßnahmen), die fast alle Mitarbeiter im Haus in Angst und Unsicherheit versetzt."

Organisationsberatung wäre in diesem Fall sicher angebracht. Hier mit Organisationsberatung einzusetzen, würde in erster Linie konzeptuell klare Entwürfe erforderlich machen. Welches wären denn die einzelnen Aufgaben der Organisationsberatung in diesem Großkrankenhaus? Wie breit und tief wäre sie anzulegen und welcher Methoden könnten sich die Beraterinnen und Berater bedienen? Wie steht es also – um es mit einem geläufigen Fachbegriff auszudrücken – mit der *Konzeptbildung* für die Organisationsberatung selbst?

Organisationsberatung braucht Konzeptbildung. Darin gleicht sie den Einrichtungen, die für sich Organisationsberatung in Anspruch nehmen. Graf (1996, S. 27) vermerkt zur Konzeptbildung, dass die Träger von sozialen Einrichtungen (insbesondere die Jugend- und Wohlfahrtsverbände und deren Mitgliedsorganisationen) sich bisher meist auf eine pauschale Aufgabenbeschreibung bzw. Zweckbestimmung beschränkt haben oder sich auf einige sehr allgemeine programmatische Sätze berufen, die sie aus ihrem weltanschaulichen Hintergrund ableiten. „Und öffentliche Träger, bzw. deren Institutionen (wie Jugend- und Sozialämter) haben die Formulierung konzeptioneller Überlegungen bisher für überflüssig gehalten, da sie sich ja als Teil des staatlichen Gesetzesvollzuges sehen und daher meinen, dass die in den einschlägigen Gesetzen formulierten Zweckbestimmungen als Orientierung für ihre Arbeit ausreichen würden" (ebd.).

Jeder Mensch hat ein Ziel und braucht ein Ziel. Auch jede Organisation braucht eine klare Zielvorgabe. Eine Organisation ist ein soziales System; dieses System benötigt – will es ein lebendiges Ganzes sein – eine Konzeption, das heißt, dieses System steht und fällt mit seiner Zielbestimmung, mit seiner Sinngebung, mit seiner Fähigkeit, Identität stiften zu können. Eine Organisation muss mit immer neuen Situationen zurechtkommen: Wie könnte sie das, ohne eine klare Zielbestimmung? Wie soll Kooperation in Organisationen erreicht werden, wie soll Kommunikation gelingen, wie soll Synergie möglich werden, wenn sich (sozial-)pädagogische Organisationen nicht selbst als „lernende Organisationen" wahrnehmen?

Hier liegt der Ansatzpunkt einer genuinen pädagogischen bzw. sozialen Organisationsberatung. Und hier zeigt sich auch der Bedarf an einer eigenen theoretischen Fundierung von Organisationsberatung für die pädagogischen und sozialen Handlungsfelder. So wie soziale und pädagogische Organisationen nur mit einer klaren Zielbestimmung erfolgreich sein können, so verhält es sich ebenso mit der Organisationsberatung für diese sozialen Einrichtungen und Institutionen. Auch die Organisationsberatung selbst bedarf der konzeptuellen und theoretischen Durchdringung.

Ich wähle zur Veranschaulichung ein selbst erlebtes Beispiel:

Eine Schule fragt bei mir an, ob ich zu ihrem pädagogischen Tag kommen kann. Es gebe erhebliche Spannungen im Lehrerkollegium; der (noch nicht lange amtierende) Rektor zeige gravierende Führungsschwächen; der Konrektor rufe mehr oder weniger offen zum Widerstand gegen den Rektor auf, die Lehrerschaft sei gespalten. – Den pädagogischen Tag selbst, an dem ich dann anwesend bin, erlebe ich als eine Inszenierung, mit dem Rektor abzurechnen.

Ohne hier auf die Strukturen und Prozesse an diesem Gymnasium im einzelnen einzugehen und ohne die Dynamik, die beim pädagogischen Tag sichtbar wurde, näher zu explizieren, kann ich resümierend festhalten, dass mir als Berater dieses einzelnen sozialen Systems Schule folgende Aufgaben konzeptuell zufielen:

- Gemäß dem Motto des pädagogischen Tags, über den „Geist der Schule" zu arbeiten, stand die Suche nach der „philosophy of education" dieses Kollegiums, nach der „corporate identity", nach dem „Corps d'esprit" im Vordergrund.

- Es galt alles zu vermeiden, was eine Spaltung der Lehrerschaft noch hätte vergrößern können.

- Wo es mir möglich und wichtig erschien, versuchte ich, (verloren gegangene) Kooperation (wieder) in Gang zu bringen. (So gelang es mir beispielsweise, Rektor und Konrektor an einen Tisch zu bekommen; die beiden sagten zu, die unterbrochene Kooperation fortzusetzen.)

Pädagogische Organisationsberatung – so kann ich anhand dieses Fallbeispiels verdeutlichen – ist vielleicht auch (wie hier) immer ein Stückweit Konfliktberatung, mit der kniffligen Aufgabe, das Management für eine Kooperation zu gewinnen.

Aber Organisationsberatung ist mehr. Um eine optimale Arbeitsatmosphäre und eine gelingende Synergie gemeinsamen Handelns in einem Prozess der Organisationsberatung zu erreichen, beinhaltet pädagogische Organisationsberatung

(a) eine lösungsorientierte Suche nach Alternativen

(b) mit dem Ziel, die Zahl der Handlungsoptionen in der Organisation zu erhöhen und

(c) dabei auf die in der Organisation vorhandenen Ressourcen zu bauen,

(d) um Lern- und Veränderungsprozesse in der Organisation zu unterstützen und zu begleiten und gegebenenfalls auch zu initiieren.

Übereinstimmend betonen Organisationsberaterinnen und Organisationsberater, dass es für sie entscheidend darauf ankommt, mehrfache Perspektiven einzunehmen und dem Unternehmen, seinem Management und seiner Belegschaft ebenfalls deutlich zu machen, dass ein Perspektivenwechsel fruchtbar sein kann.

Hier nun liegt die tragende Aufgabe der Theorie. Und sie erschließt sich uns, wenn wir das ernst nehmen, was Theorie sein will. Theorie ist nicht nur „systematische Zusammenfassung und Verallgemeinerung von Erkenntnissen". Der Begriff „Theorie" meint in seiner ursprünglichen Wortbedeutung, herzuleiten von dem griechischen Wort „theoria", „Betrachtung, Untersuchung, besonders das wissenschaftliche, geistige Anschauen, eigentlich das Zuschauen".[5]

Das geistige Anschauen ist es, welches eine psychosoziale Situation, welches eine soziale Organisation von uns verlangt. Das „wissenschaftliche, geistige Anschauen" will gelernt, will geübt sein. Auch die praktische Anschauung ist ein „geistiges Anschauen". Diese praktische Anschauung respektiert das So-Sein eines Klienten, ob es sich um eine Einzelperson, ein Paar, ein Team oder eine Organisation handelt. Diese geistige Anschauung respektiert die Subjektivität der jeweiligen Organisation.

Beratung in sozialen Einrichtungen bedarf der „geistigen Anschauung" des komplexen Geflechts der jeweiligen pädagogischen Einrichtung, des komplexen strukturellen Geflechts und der komplexen Dynamik in diesem Geflecht. Anders wird die Organisationsberatung gar nicht gelin-

---

[5] Etymologisches Wörterbuch des Deutschen. Berlin: Akademie Verlag, 1993. S. 1429.

gen, wird der Kunde gar nicht erreicht. Es ist kaum davon auszugehen, dass ein Organisationsberatungsunternehmen der Wirtschaft wie zum Beispiel McKinsey über genügend pädagogische Kompetenz und über pädagogisches Einfühlungsvermögen verfügt, um in adäquater Weise auf die „Bedarfslagen" von pädagogischen oder sozialen Einrichtungen eingehen zu können. Die Notwendigkeit einer genuinen pädagogischen Organisationsberatung beispielsweise durch Pädagogen, die Notwendigkeit einer spezifisch pädagogischen „geistigen Anschauung" (die nur auf der Basis pädagogischer Kenntnisse und Erfahrungen gegeben ist) mag deutlich geworden sein.

Neben dieser grundsätzlichen Verschiedenheit im Vergleich zwischen Non-Profit- und Profit-Unternehmen gibt es auch Gemeinsames in der Konzeption, so dass eine Organisationsberatungstheorie hier auch partiell auf einem gemeinsamen Fundament aufbauen kann.

Gehen wir dazu noch einmal zurück zur Frage der „Bezahlung nach beraterischem Erfolg", wie sie im vorangegangenen Kapitel für die wirtschaftsbezogenen Unternehmensberatungsfirmen diskutiert worden ist. Wenn eine Unternehmensberatung Erfolg haben will, benötigt sie vor allem eines: das Vertrauen des Auftraggebers. Entsprechend definiert ist ja die Rolle des Unternehmensberaters: Er nimmt die Rolle eines externen, zeitlich begrenzt engagierten Ratgebers ein. Zu dieser Rolle gehört, dass der Unternehmensberater unabhängig sein muss, um unternehmerische Zusammenhänge erkennen und wertfrei beurteilen zu können. Was immer der Auftraggeber mit den beraterischen Empfehlungen anfängt, liegt dann im Ermessen und in der Verantwortung des Managements des beratenen Unternehmens.

Diese Rollenzuschreibung gilt auch für die Organisationsberatung im pädagogischen und sozialen Feld. Denken wir noch einmal an das im vorigen Kapitel zitierte Beispiel aus dem Sozialamt mit den hoch komplexen Organisationsabläufen: Wenn nun eine Organisationsberatungsfirma damit beauftragt werden würde, diese Arbeits- und Kommunikationsstrukturen zu vereinfachen, so wäre auch hier ein Vertrauensverhältnis für die gemeinsame Arbeit von Auftragnehmer und Auftraggeber erforderlich, ein „distanziertes" Herangehen durch den unabhängigen Organisationsberater und ein wertfreier Blick auf die Zusammenhänge in der betreffenden Einrichtung. Die Entscheidung für die Umsetzung von Konzepten, die im Beratungsprozess erarbeitet werden, liegt auch hier bei den Verantwortlichen der betreffenden Einrichtung.

Abschließend ist noch auf die wachsende Bedeutung von Organisationsberatung insgesamt zu verweisen. Im nächsten Jahrzehnt wird der
Dienstleistungssektor noch weiter wachsen. 4/5 der beruflichen Tätigkeiten werden dann aus Beraten, Forschen, Entwickeln, Organisieren,
Vernetzen, Gestalten, Managen und Recherchieren bestehen.
Beratungskompetenz wird dabei den Charakter einer Schlüsselkompetenz erhalten. Diese Kompetenz wird nicht nur als berufliche Schlüssel-
qualifikation in vielen Branchen gefragt sein, sondern sich auch als eigenständige Profession durchsetzen.
Zusammen mit der Schlüsselkompetenz Beratung werden aber auch die
Tätigkeiten des Forschens und Entwickelns zunehmend wichtig werden.
Diese Kompetenzen werden benötigt, um festzustellen, welche Analyse-
methoden und welche Theorien für bestimmte Inhaltsbereiche fruchtbar
gemacht werden können.
Da die Komplexität zunimmt, wird auch die Kompetenz des Organisierens zunehmend gefragt sein. Hinzu kommt noch der Bedarf an Vernetzung. Das Vernetzen ist nicht nur im Bereich der Nachrichtenübermittlung
zentral, sondern generell für jede Institution und Organisation. Da zunehmend die Arbeit nicht mehr von einzelnen Individuen, sondern nur noch
gemeinsam und organisationsübergreifend geleistet werden kann, wird
auch dem Managen mehr und mehr Bedeutung zukommen. Organisationsberatung – auch in pädagogischen und sozialen Handlungsfeldern –
hat Zukunft.

Kapitel 3
Organisationsberatung lernen – aber wie?

Seit dem PISA-Schock in Deutschland wird der Ruf nach neuen Konzepten in Bildung und Weiterbildung laut. Schulen, Hochschulen und Weiterbildungseinrichtungen sind aufgefordert, nach neuen Wegen für Bildung und Lernen zu suchen. Gehört das Lernen von Organisationen auch dazu?[6] Bei der Suche nach Veränderungen hat man in der Regel neue Methoden und Techniken für den individuellen Lerner im Auge. Man vergisst, dass das Lehren und Lernen meist ein *organisiertes* Lernen ist, dass Organisationen wie Schulen, Hochschulen und Einrichtungen der Erwachsenenbildung prägend sind mit ihrer Struktur und ihrer Dynamik. Insofern stellt sich die Frage nach den Innovationen im Bildungssystem genauso vehement für die Bildungseinrichtungen selbst, nicht nur für die Lehrenden und Lernenden in ihnen. Innovationen sind auch für die Bildungseinrichtungen selbst zu fordern. Mithin dürfen wir hoffen, dass damit auch die Organisationsberatung für pädagogische und soziale Einrichtungen aus ihrem Dornröschenschlaf erwachen wird.

Organisationsberatung will gelernt sein. Wo aber erlernt man dieses Geschäft? Explizit wird es ja kaum an den Hochschulen gelehrt. Diejenigen Hochschulen, die Organisationsberatung als eigenständiges Fach bzw. im Rahmen eines postgradualen Studiums anbieten, sind noch in der Minderheit. Eine Vorreiterrolle nimmt in diesem Zusammenhang sicher die Einführung des Aufbaustudiengangs „Pädagogische Organisationsberatung" an der Universität Jena ein, den ich zusammen mit meinem Kollegen Michael Winkler vor nunmehr fünf Jahren dort eingerichtet habe (Brunner und Winkler 1997).

Wie man Organisationsberatung lehren und lernen kann, möchte ich an Hand dieses postgradualen Studiums in Jena aufzeigen. Dieses Aufbaustudium in Jena weist einige innovative Grundzüge auf, von denen ich meine, dass sie in der gegenwärtigen Debatte zur Bildungsreform auch Anregungen zu Veränderungen beim Lehren und Lernen generell geben können.

---

[6] Die Thematik „Können Organisationen lernen?" ist Inhalt von Kapitel 5 dieses Buches.

Wenn man in einer fremden Stadt ist und jemand nach dem Weg fragt, kann es einem passieren, dass die Person, die man um Auskunft bittet, nach kurzem plötzlich sagt: „Kommen Sie, ich gehe ein Stück mit Ihnen. Ich muss sowieso diesen Weg gehen." Der Wegbegleiter lenkt nun selbst seine Schritte in die Richtung, von der er zuvor nur gesprochen hat. Organisationsberatung lernt man am besten „beim Gehen". Für das Lehren von Organisationsberatung kann es von Vorteil sein, die Lernenden „an die Hand zu nehmen" und sie ein Stückweit auf ihrem Lernweg zu begleiten.

Die Methode der Wahl ist das Lernen über das Tun. Organisationsberatung lernt man am besten über die Tätigkeit des Beratens in Organisationen. Wie lässt sich das in Kursen bewerkstelligen? Welches Modell haben wir in Jena am Institut für Erziehungswissenschaften der Universität kreiert, um solch ein Learning by doing zu realisieren?

Der Schlüssel dazu liegt im sogenannten „Projektstudium". Das Studium der Organisationsberatung vollzieht sich an der Jenaer Universität in der Form eines Projektstudiums. Das heißt, dass sich das Lernen nicht nur auf Wissensaneignung beschränkt, sondern auch die praktische Einübung in die zu erwerbenden Kompetenzen mit einschließt.

Um dies an einem Beispiel zu verdeutlichen: Die Studierenden des Aufbaustudiengangs „Pädagogische Organisationsberatung" lesen nicht nur Berichte über die Einrichtung und Gestaltung eines Bürgerbüros und erwerben nicht nur theoretische Kenntnisse darüber, was bei einer solchen Aktion alles zu bedenken ist, vielmehr machen sie selbst mit bei der Einrichtung und Gestaltung dieses Büros, engagieren sich, nehmen Kontakte auf, planen und diskutieren, verteilen Aufgaben, schreiben Konzepte, etc. Die Studierenden studieren das Fach Organisationsberatung durch diesen Praxisbezug mit größtmöglicher Realitätsnähe.

Während ich dieses Buch schreibe, ist bereits der dritte Kurs des dreisemestrigen Aufbaustudiengangs „Pädagogische Organisationsberatung" an der Universität Jena angelaufen (Näheres zum Aufbaustudiengang unter: www.uni-jena.de/erzwiss/orgber.htm). Gleich im ersten Semester beginnt die Suche nach einem gemeinsamen Projekt. Das Dutzend Aufbaustudierende trifft sich jede Woche zu einem festgelegten Termin für das Projektstudium. Die erste Aufgabe ist, einen Konsens für ein gemeinsames Arbeitsthema zu finden, zu dem ein Praxisbezug hergestellt werden kann. Es kann sich auch um eine Auftragsarbeit mit „Ernstcharakter" handeln, zu der sich die Teilnehmerinnen und Teilnehmer am Aufbaustudiengang ebenfalls konsensuell verständigen müssen. Es ist nicht einfach, etwas Passendes zu finden.

Die Teilnehmerinnen und Teilnehmer am ersten Kurs, der im Wintersemester 1997/98 begann, suchten einige Zeit nach einem praktischen Betätigungsfeld. Da sich ein solches zunächst nicht finden ließ, wurden diese Studierenden bei sich selbst aktiv und gründeten einen Verein zum Zweck der Durchführung von Organisationsberatungen in sozialen und pädagogischen Einrichtungen. In der Vereinsatzung ist festgelegt, dass der Verein der Förderung der Ausbildung zur Organisationsberatung dienen soll. Von diesem Verein wird in diesem Buch noch mehrfach die Rede sein: es ist das „ORganisationsBeratungsInstitut Thüringen", kurz: ORBIT e.V.

War schon die Tatsache, einen Verein zu gründen, eine Organisations-Aufgabe, so noch viel mehr die Notwendigkeit, sich als Verein bekannt zu machen und Kundenwerbung zu betreiben. Die Erstellung eines Faltblatts gehörte genauso dazu, wie die Erstellung eines Profils zur Akquise von Aufträgen.

Das Beispiel des Jenaer Aufbaustudiengangs und seiner Weiterentwicklung in Form eines Organisationsberatungsinstituts (ORBIT e.V.) dient in diesem Buchkapitel zur Illustration der Notwendigkeit, Organisationsberatung nicht nur per Wissenserwerb zu erlernen, sondern gleichzeitig über das praktische Tun. Ich benenne drei Gründe für diese Notwendigkeit:

- Organisationsberatung hat eine „handwerkliche" Seite, die nur über das Tun erlernt werden kann.

- Organisationsberatung vollzieht sich immer in Interaktion mit Menschen in Organisationen, so dass der praxisbezogene Erwerb entsprechender sozialer Kompetenzen unverzichtbar ist.

- Organisationsberatung erfordert die Fähigkeit zu komplexen und vernetztem Denken und Arbeiten. Beides muss eingeübt werden.

Die drei Gründe seien noch im Einzelnen erläutert:

Die handwerkliche Seite betrifft die sogenannten Techniken, die es natürlich in der Organisationsberatung genauso gibt wie in jedem anderen Beratungs- oder Therapiebereich. Wenn es zum Beispiel darum geht, ein Gruppengespräch zu leiten, so ist die Kenntnis und die Beherrschung der Moderationsregeln unverzichtbar. Zu den „Techniken" gehört auch, dass das Reglement einer Organisation erkannt wird und in der Beratungssituation entsprechend aufgegriffen wird. Jede Einrichtung hat ihre Spielregeln, die die Organisationsberaterin/der Organisationsberater rasch erfassen können muss. Das lernt man am besten am konkreten Fall.

Die interaktions- und gruppenbezogene Seite der Organisationsberatung ist doppelt wichtig: Zum einen erfordert die Arbeit mit dem Auftraggeber (dem Kunden) einen guten Kontakt und eine klare Kommunikation, zum anderen bestehen Organisationen vor allem aus Personen, die miteinander in Beziehung stehen und denen ebenfalls an guten Kontakten und an klaren Kommunikationsabläufen gelegen sein sollte. Jede Organisationsberaterin/jeder Organisationsberater muss eine Expertin/ein Experte für zwischenmenschliche Kommunikation und für gruppendynamische Prozesse sein. Auch dies lernen die Studierenden am besten im Kontakt mit (potentiellen) Auftraggebern. Dieser Kontakt ermöglicht es ihnen, ihre kommunikative Kompetenzen in real existierenden Organisationsprojekten schulen zu können.

Die Komplexität und Vernetzung in Organisationen ist hoch; gelegentlich ist der Überblick schwer zu erreichen und ist der Durchblick für Strukturen und Prozesse in Organisationen getrübt. Ohne theoretische und methodologische Kompetenzen läuft die Organisationsberatung Gefahr, mit der berühmten Stange im Nebel herumzustochern.

Wie lässt sich die theoretische und methodologische Kompetenz im Umgang mit Komplexität schulen? Erforderlich ist die Einübung in ganzheitliches und vernetztes Denken. Im Bereich der Organisationsberatung spricht man von einem „systemischen Zugang" und meint damit

- die Multiperspektivität,
- die Berücksichtigung der zirkularen Kausalität und
- die Einbeziehung systemtheoretischer Überlegungen.

Diese drei Gesichtspunkte werde ich in den folgenden Kapiteln immer wieder aufgreifen und verdeutlichen. In diesem Kapitel soll abschließend nur die systemtheoretische Grundbegrifflichkeit benannt werden, die für das Erlernen von Organisationsberatung unerlässlich ist, da erst die systemische Theorie mit ihren klaren Konzepten die diffusen Nebel bei der Arbeit mit Organisationen vertreiben kann.

Als soziales System besteht eine Organisation aus einer Vielzahl von *Systemelementen, die miteinander in Relation stehen.* Das System „Organisation" lässt sich verstehen als das Insgesamt an Relationen zwischen den Systemkomponenten oder -elementen. Systemelemente einer Organisation sind beispielsweise die Handlungselemente der Organisationsmitglieder. Wichtig ist, dass die Systemelemente miteinander verknüpft (vernetzt) sind.

Das Insgesamt der Systemrelationen stellt sich uns als Organisations*struktur* dar. Da sich die Systemrelationen im Laufe der Zeit (sowohl langfristig als auch kurzfristig) ständig neu konstituieren, haben wir es jedoch – genau genommen – stets mit einer Organisations*dynamik* zu tun. Von Interesse ist hierbei insbesondere die *Eigendynamik* einer Organisation. (Zur Erläuterung dieser Definitionsmerkmale vgl. auch Brunner 1993, S. 97 ff.)

Kapitel 4
Kommunikation, Kontakt und Kontrakt:
Die drei K's der Organisationsberatung

Organisationsberatung ist eine Dienstleistung. Da wir uns im Bereich des Sozialen und Pädagogischen bewegen, haben wir es mit Dienstleistungsangeboten besonderer Art zu tun. Die Besonderheit betrifft nicht nur den spezifischen thematischen Zuschnitt einer Organisationsberatung für Soziales und für Pädagogisches. In diesem Feld gibt es natürlich ganz spezifische Sachthemen, die auch einen entsprechenden Sachverstand erforderlich machen. Die Besonderheit der Organisationsberatung in sozialen und pädagogischen Handlungsfeldern liegt aber noch viel mehr darin begründet, dass diejenigen, die eine Organisationsberatung anbieten, und die, die eine Organisationsberatung „einkaufen", in einem ungewöhnlichen Verhältnis zueinander stehen. Was ist damit gemeint?

Werfen wird dazu zunächst einen Blick auf das, was Organisationsberatung konkret an Leistungen anbieten kann. Die Liste der Angebote könnte beispielsweise u.a. die folgenden Sparten umfassen:

- Teamentwicklung/Organisationsentwicklung,

- Coaching,

- Konzeptentwicklung,

- Unterstützung bei der Erarbeitung eines Qualitätsmanagementsystems,

- Evaluation von sozialen oder pädagogischen Maßnahmen,

- Kundenbefragungen,

- Konfliktmanagement/Mediation,

Auf den ersten Blick ist zu erkennen, dass jede dieser Leistungen hoch komplex ist und niemals mit einem einzigen Handstreich erledigt werden kann. Um beispielsweise im Auftrag einer Einrichtung an der Konzeptentwicklung dieser Organisation mitzuwirken, ist es nicht nur erforderlich, dass schrittweise und systematisch vorgegangen wird. Ebenso wichtig ist der ständige Kontakt mit dem oder den Verantwortlichen der betreffenden Einrichtung. Wenn die OrganisationsberaterInnen über eine gewisse Zeit hinweg damit befasst sind, den Prozess der Erstellung eines Konzepts oder den Prozess der Zielfindung, den eine Organisation oder eine Organisationseinheit durchläuft, zu begleiten, dann haben es die beratenden Fachleute mit Komplexität in doppelter Hinsicht zu tun: Zum einen sind die allermeisten Aufgaben einer Organisationsberatung vielschichtig; zum andern befinden sich Auftragnehmer (also diejenigen, die die Organisationsberatung anbieten) und Auftraggeber (also die Kunden) in einem komplexen wechselseitigen Verhältnis.

Das ist des Pudels Kern. Organisationsberatung in pädagogischen und sozialen Handlungsfeldern erschließt sich uns in ihrem Wesen erst, wenn wir diese doppelte Komplexität ins Auge fassen: die Vielschichtigkeit der Aufgaben einerseits und die Notwendigkeit zur Kooperation andererseits. Wir finden diesen Doppelcharakter in jedem Organisationsberatungsauftrag. Ein Zielfindungsprozess, wie ich ihn als charakteristisch für eine Organisationsberatungsmaßnahme schon im ersten Kapitel beschrieben habe, ist an und für sich schon komplex. Welche Ziele steckt sich beispielsweise der Jugendring einer Stadt X? Welche Schritte muss er gehen, um das gesteckte Ziel anzugehen? Etc. pp.

Wenn OrganisationsberaterInnen hier als Fachleute gerufen werden, um einen solchen Zielfindungsprozess zu begleiten und unterstützen, werden sie Mitglieder eines neuen Systems: Zum Kundensystem kommt das System der OrganisationsberaterInnen hinzu. Zusammen mit den Verantwortlichen und den MitarbeiterInnen des zu beratenden Systems bilden die OrganisationsberaterInnen eine neue Einheit.

Das Medium der gemeinsamen Arbeit in diesem neuen System, bestehend aus den zu Beratenden und den Beratenden, ist die *Kommunikation*. Das Begleiten auf einem Weg, das „An-die-Hand-nehmen", von dem ich im vorangegangenen Kapitel sprach, vollzieht sich in gemeinsamen Gesprächen. Dieses interaktive Moment, auf das ich schon mehrfach hingewiesen habe, macht Organisationsberatung zu einer Tätigkeit, die sich als Kunst der Menschen„führung" entpuppt: Was die BeraterInnen besonders auszeichnet, sind ihre kommunikativen Kompetenzen. Das Umgehen mit Menschen in Organisationen setzt voraus, dass die Fachleute sich auf Gesprächs- und Verhandlungsführung verstehen. Aber mehr noch: Kommunikative Kompetenz bei der Organisationsberatung erfordert auch eine systemische Kompetenz,[7] um mit der doppelten Komplexität, von der oben die Rede war, umgehen zu können. Was meint systemische Kompetenz?

Als ich meinen ersten Kurs in der Ausbildung zum Familientherapeuten absolvierte, hat mich sehr beeindruckt, mit welcher Vehemenz der Trainer auf die Notwendigkeit hinwies, bei den Familiengesprächen das gesamte Familiensystem im Auge zu behalten. Der Trainer benutzte das Beispiel eines Weitwinkelobjektivs für einen Fotoapparat: Aufgabe des Familienberaters sei es, möglichst alle Familienmitglieder gleichzeitig im Auge zu haben und sich auf das Insgesamt der Kommunikationen konzentrieren, die in einem Familiensystem ablaufen. Das heißt, dass der Familientherapeut die Perspektiven aller derjenigen mit berücksichtigt, die am Gespräch beteiligt sind.

Die Multiperspektivität als ein Kennzeichen systemischer Beratung schließt ein,

- die – verbal und nonverbal – mitgeteilten Inhalte der Mitglieder eines sozialen Systems zu erfassen und für die weitere Arbeit mit den Mitgliedern dieses Systems fruchtbar zu machen und

- die dabei auftretenden Differenzen zu registrieren, ernst zu nehmen und konstruktiv in die Beratungsarbeit zu integrieren.

Zur Multiperspektivität gehört auch, die beobachteten Interaktionsabläufe möglichst umfassend zu berücksichtigen. Die wechselseitige Abhängigkeit der ablaufenden Interaktionen lässt sich treffend am Beispiel des Mobile verdeutlichen: Bei einem Mobile, das aus kunstvoll miteinander verknüpften Elementen besteht, verändert die Bewegung eines Elements die Position der übrigen Elemente. Ebenso beeinflusst das interaktive Verhalten eines Systemmitglieds das Verhalten aller anderen. Helm Stierlin (1976) hat diesen Systemcharakter zwischenmenschlicher Kommunikation in einem Buchtitel auf den Punkt gebracht: „Das Tun des Einen ist das Tun des Anderen".

OrganisationsberaterInnen stehen immer wieder vor der schwierigen Aufgabe, die Besonderheiten der kommunikativen Abläufe in einer Organisation zu erfassen. Um eine pädagogische oder soziale Einrichtung zu verstehen, ist es wichtig, das filigrane Netz an wechselseitigen Kommunikationen zu erkennen, das die Mitglieder eines Arbeitsteams miteinander knüpfen, und auf die dabei entstehenden Interaktionsmuster zu achten. Zur Veranschaulichung wähle ich das Phänomen des Mobbing.

---

[7] In der Literatur findet sich der Terminus technicus „Systemkompetenz". Vgl. dazu die grundlegenden Ausführungen von Schiepek (1997).

Mobbing wird als ein gravierendes Problem angesehen, das zu hohen Reibungsverlusten in einer Organisation führen kann. Für den Betroffenen hat Mobbing eine zerstörerische Macht.

Systemisch gesehen folgt Mobbing einem bestimmten Schema: Die MitarbeiterInnen eines Unternehmens oder einer Einrichtung suchen sich ein „Opfer" unter ihren Arbeitskollegen, das systematisch gedemütigt wird. Das Opfer erlebt sich so, dass es selbst wenig gegen die ständigen Kränkungen tun kann und dass es in einer Zwickmühle steckt: Gibt das Opfer nach, verstärkt es die Verfolger in ihrem Tun. Gibt es nicht nach und versucht sich zu wehren, bringt es die mobbenden Kollegen erneut gegen sich auf.

Das Verfolger-Opfer-System weist mehrere kuriose Eigenheiten auf: Manchmal ist es nicht zufällig, dass ein bestimmter Mitarbeiter zum Opfer wird. (Was trägt jemand dazu bei, dass er gemobbt wird?) Oder: Das Verfolger-Opfer-System kann umkippen, so dass der Verfolger ebenso zum Opfer werden kann.

Das Verfolger-Opfer-System wird noch komplexer, wenn ein Retter (oder mehrere Retter) auf den Plan treten und dem Opfer helfen wollen. Aus dem Verfolger-Opfer-System wird dann ein „Verfolger-Opfer-Retter-System".

Wenn also beispielsweise die Polizeibeamten eines Bezirks ein Anti-Mobbing-Training mitmachen, so ist es für sie wichtig, dass sie diese verschiedenen Perspektiven (Opfer, Verfolger, Retter) kennen lernen und mit diesen Rollen in adäquater Weise umgehen lernen. Wenn OrganisationsberaterInnen ein diesbezügliches Training mit den Polizisten durchführen, werden sie sowohl auf die Multiperspektivität bei den Beteiligten im Mobbing-System hinweisen als auch auf die wechselseitige Verschränkung der Verhaltensmuster: Aus Rettern könnten ja selbst Verfolgte oder sogar Verfolger werden!

Am Beispiel des Mobbing lässt sich das Wesen der Systemdynamik klar erkennen: Niemand kann sich in einem sozialen System aus dem ablaufenden Prozess herausziehen und heraushalten. Immer gilt: Das Tun des Einen ist das Tun des Andern.

Niemand kann sich in einer Organisation aus der Verantwortung stehlen. Tritt ein Mobbing-Fall ein, muss man Stellung beziehen. Es gibt nur zwei Möglichkeiten: Mitmachen oder nicht mitmachen. Tertium non datur, es gibt kein Drittes! Eine Vogel-Strauß-Politik ist in diesem Fall streng genommen nicht möglich: Wer nicht Stellung bezieht und „seinen Kopf in den Sand steckt", ist – systemisch gesehen – ein Mittäter.

Ein weiteres zentrales Moment der systemischen Beratung ist die selbst-kritische und reflexive Haltung der OrganisationsberaterInnen: Sie selbst sind – als Teil des Beratungssystems – ja nicht frei von Vorurteilen und von Annahmen, die sie aufgrund ihrer Lebenserfahrung gewonnen haben und die sie nun in ihre Tätigkeit des Unterstützens und Begleitens einbringen. Die eigenen Perspektiven gilt es zu reflektieren und gegebenenfalls kritisch zu bedenken. Andernfalls läuft man Gefahr, „betriebsblind" zu sein.

Kommen wir auf die eingangs gestellte Frage zurück, die sich auf das Verhältnis zwischen den zu Beratenden und den Beratenden bezog: Welche Besonderheiten weist das Auftraggeber-Auftragnehmer-Verhältnis im Feld der pädagogischen und sozialen Organisationsberatung auf? Offensichtlich reicht es nicht aus, das Verhältnis beider in den einfachen Kategorien des Gebens und Nehmens zu beschreiben. Wenn die zwischenmenschliche Kommunikation das Herzstück der Organisationsberatung ist, braucht es mehr: der Funke des Vertrauens muss überspringen, damit sich die Verantwortlichen und/oder die Mitglieder einer Organisation für Beratung öffnen können. Selbst die perfekteste Kommunikationstechnik könnte fehlendes Vertrauen nicht ersetzen. Vertrauen ist die conditio sine qua non für die gemeinsame Zusammenarbeit.

Wie entsteht eine solche Vertrauensbasis? Der Funke kann nur überspringen, wenn die Kommunikation zwischen Auftraggebern und Auftragnehmern offen und klar ist, getragen von einem gegenseitigen Respekt voreinander. Dazu gehört die gegenseitige (unausgesprochene) Verpflichtung, die Würde des anderen zu achten und zu wahren.

Dies gilt an erster Stelle natürlich für diejenigen, die als OrganisationsberaterInnen tätig werden. Wollen sie als Eisbrecher erfolgreich sein und wollen sie in einen unmittelbaren Kontakt zu dem oder den Kunden kommen, so ist genau diese Haltung des Respekts vor dem Anderen unabdingbar. Organisationsberatung in den pädagogischen und sozialen Handlungsfeldern ohne diesen zündenden Kontakt zu den GesprächspartnerInnen wird nicht erfolgreich sein.

Kommunikation und Kontakt mit den KundInnen führen zu einem Kontrakt: Es wird eine Übereinkunft darüber erzielt, was im Rahmen eines Organisationsberatungsprozesses angegangen werden soll. Der Kontrakt kann die Form einer schriftlichen Vereinbarung erhalten; diese Vereinbarung wird nicht nur eine genaue Aufgabenstellung enthalten, sondern auch die dazu gehörenden Rahmenvereinbarungen (zum Beispiel über Umfang und Kosten). Auch mündliche Vereinbarungen sind möglich; sie haben dieselbe Rechtskraft.

Ein Kontrakt muss nicht explizit gegeben sein; eine „stillschweigend" getroffene Vereinbarung kann ebenso als tragendes Fundament für die Kooperation dienen. Entscheidend ist auch hier der „gute Kontakt". Antoine de Saint Exupéry drückt dies in „Der kleine Prinz" so aus: „Man sieht nur mit dem Herzen gut!"

Kapitel 5
Können Organisationen lernen?

Wenn BeraterInnen mit Organisationen zu tun haben, finden sie meist recht komplexe Organisationsstrukturen und eine kaum zu durchschauende Organisationsdynamik vor. Wie ist in solch komplexen Strukturen und bei einer solch schwer zu erfassenden Dynamik in einer Organisation Veränderung überhaupt möglich? Gibt es denn so etwas wie eine „lernende Organisation"?

Vielleicht ist die folgende Geschichte erhellend, wenn wir uns diesem Fragenkomplex nähern. Es ist eine alte Geschichte und sie erzählt davon, wie schwer es um die Lernfähigkeit von Organisationen bestellt ist: Ein Konsortium plant einen gigantischen Bau, es soll ein Gebäude von bisher unerreichter Höhe werden. Bei der Organisation der Baumaßnahmen stellen sich unerwartet Schwierigkeiten größten Ausmaßes ein. Die Kommunikation zwischen den am Bau beteiligten Firmen, zwischen den einzelnen Bautrupps, zwischen den Ingenieuren, den Technikern und den Bauarbeitern versagt vollständig, so dass am Ende der Bau dieses Riesenturms scheitert. Die Ursache des Scheiterns ist bekannt: Die massiven Verständigungsprobleme haben zum Zusammenbruch geführt.

Diese vehementen Kommunikationsprobleme weisen auf die eklatanten Schwierigkeiten von Organisationen beim Lernen hin. Die seither sprichwörtliche „babylonische Sprachverwirrung" ist der beste Beweis für meine vorläufige These von der Unfähigkeit von Organisationen, lernen zu können. Der misslungene Turmbau zu Babel[8] zeigt: Wenn Organisationen überhaupt lernen, dann tun sie dies äußerst schwer.

Offenbar ist ein typisches Kennzeichen einer Organisation ihre außerordentliche Schwerfälligkeit, sich an veränderte oder an sich verändernde Umweltbedingungen anzupassen. Ganze Berufszweige leben davon, dass Organisationen so schwerfällig, so behäbig, so zählebig sind, und von da

---

[8] In dem Namen „Babel" klingt ein hebräisches Wort an, das „verwirren" bedeutet. Beim Turmbau zu Babel ist in der Tat von einer „Sprachverwirrung" die Rede. Wie in Genesis 11, Vers 7, erzählt wird, war die Kommunikationsstörung so groß, „dass keiner mehr des andern Sprache (verstand)" (zitiert nach der Zürcher Bibel).

her der Organisationsberatung bedürfen. Da sich Organisationen oft so sehr notwendigen Transformationsprozessen widersetzen – man könnte geradezu die psychoanalytische Vokabel vom „Widerstand" benutzen –, scheinen sie Nachhilfe, Anregung von außen, Beratung, etc. nötig zu haben. Was in aller Welt bedeutet diese Schwerfälligkeit und Zählebigkeit, oder um es nicht wertend zu sagen, was bedeutet dieses Perseveranzvermögen von Organisationen?

Perseveranzvermögen, das ist doch eigentlich zunächst nichts Ehrenrühriges. Im Gegenteil: So, wie wir von einer Person eine gewisse Kontinuität und Stabilität erwarten, damit wir nicht ständig mit neuen Überraschungen rechnen müssen (wir nennen das bekanntlich „Charakter" und sprechen von „Persönlichkeitszügen"), so erwarten wir auch von Organisationen Kontinuität und Stabilität, ja, es erscheint doch geradezu als eines der konstituierenden Merkmale von Organisationen, dass sie Perseveranzvermögen zeigen.

Organisationen garantieren uns perseverierendes Verhalten. Nehmen wir als Beispiel die Organisation „Finanzamt": Gemäß ihrer Aufgabe zeigt diese Organisation das immer gleiche Verhalten, dass sie Geld vom Steuerzahler fordert. Oder ein anderes Beispiel: Das Perseveranzvermögen, das wir einer Organisation zuschreiben, gibt uns beispielsweise die Möglichkeit, uns einem Geldinstitut anzuvertrauen. Banken zeigen Perseveranzvermögen. Oder, um ein naheliegendes Beispiel zu wählen: Wir können uns einer Beratungseinrichtung anvertrauen, da wir vom Perseveranzvermögen dieser Institution überzeugt sind, dass sie uns weiterhin, wie in der Vergangenheit geschehen, qualifiziert berät. Oder ein Beispiel aus dem pädagogischen Sektor: Von einem Ausbildungsinstitut erwarten wir, dass es weiterhin, wie in der Vergangenheit geschehen, qualifiziert ausbildet.

Dieses Perseveranzvermögen einer Organisation, das ich oben mit der Schwerfälligkeit, sich an neue Gegebenheiten anzupassen, in Verbindung gebracht habe, ist also zunächst eine außerordentlich erwünschte Eigenschaft: *Von Organisationen verlangen wir, dass sie änderungsresistent sind.* Dadurch garantieren Organisationen uns Sicherheit, ja, man könnte es geradezu so formulieren: Organisationen werden deshalb ins Leben gerufen, um Perseveranz zu garantieren.

Das ist die eine Seite der Medaille. Die andere Seite der Medaille ist, dass Organisationen, was ihre „Lernfähigkeit" betrifft, offenbar durch ihre Perseverationstendenz Schwierigkeiten haben zu lernen, sich zu verändern. Das ist aus der Perspektive der Theorie der Selbstorganisation auch durchaus verständlich: Organisationen streben – wie alle sozialen Systeme – stets einen Zustand der Stabilität an.

Die ständige Tendenz zur Verstetigung, das penetrante Verharrungs- und Beharrungsvermögen von Organisationen ist evident: Aus einem Optimum an Stabilisierung kann ein Maximum werden, aus einer Sicherheit verleihenden Perseverationstendenz eine Unfähigkeit, den Markt der Möglichkeiten zu erweitern, und eine Unfähigkeit, erforderliche Impulse aufzugreifen. Statt auf Reformwilligkeit stoßen wir auf Beton; statt auf notwendige Flexibilität stoßen wir auf Halsstarrigkeit.

Wer mit Betrieben und sozialen Einrichtungen arbeitet, kennt dieses Beharrungsverhalten. Vorherrschend ist der Habitus der Geschäftigkeit; damit ist zwar Emsigkeit garantiert, aber nicht unbedingt Wachstum. Auch in der Klinischen Psychologie ist das Phänomen bekannt: Persönliche und soziale Probleme konstituieren sich in unvorteilhaften oder gar störenden Verhaltens-, Kommunikations- und Beziehungsmustern. Wir wissen aus Forschung und Praxis, dass zum Beispiel die intimste und kontinuierlichste Organisationseinheit, die es gibt, die Familie, häufig gebeutelt ist von problematischen Kommunikationsmustern. Jay Haley hat dieses Phänomen auf die Formel gebracht: „It is the rigid, repetitive sequence of a narrow range that defines pathology" (Haley 1988);[9] zu deutsch: „Es sind die starren, sich ewig wiederholenden Abfolgen, die pathologisch wirken" (Haley 1985, S. 112). Auch wenn wir im Klinischen Bereich heute mit der Zuschreibung „pathologisch" sehr vorsichtig geworden sind, so bleibt doch das häufig beobachtbare Phänomen der perseverierenden Musterbildung. Es bleibt diese Unfähigkeit zu lernen, auch wenn der Karren buchstäblich im Dreck steckt oder sich die Diskussion im Kreise dreht oder der Schwarze Peter hin und her geschoben wird.

Diese „pathologisierenden" Abfolgen könnte man auch als „Spiele" bezeichnen. Was in aller Welt bringt die Mitglieder einer Familie, eines Teams oder einer Organisation dazu, diese ewigen, vertrackten Spiele zu spielen? Es ist unverständlich, wieso Menschen, die miteinander zusammenarbeiten und die voneinander abhängig sind, sich eine Form von Interaktion schaffen, unter der sie leiden und die weitere Leiden nach sich ziehen können.

---

[9] Zitiert nach der „First Harper Colophon Edition", 1978, S. 105.

Organisationen sind hochkomplexe Systeme. Sind sie denn grundsätzlich eher lernunfähig oder gibt es bei differenzierterer Betrachtung doch auch Lernfähigkeit von Organisationen? Könnte uns eine systemische Betrachtungsweise hier weiterbringen? Ich greife zur Beantwortung dieser Fragen auf das zurück, was Organisation begrifflich ausmacht. In den vorangegangenen Kapiteln habe ich bereits einige Hinweise darauf gegeben, wie denn der Begriff Organisation gefasst werden kann und welche Auffassungen es von Organisation gibt. Eine Aussage über die Lernfähigkeit einer Organisation impliziert gleichzeitig ein bestimmtes Bild von Organisation. Als Beispiel wähle ich an dieser Stelle den Organisationsbegriff, wie er in der Betriebswirtschaftslehre diskutiert worden ist.

In der Betriebswirtschaftslehre wird – was den Begriff Organisation angeht – unterschieden zwischen einem instrumental-soziologischen Begriff und einem instrumental-betriebswirtschaftlichen Begriff (Hahn 1997). Beim ersteren, beim instrumental-soziologischen Begriff, wird der Betrieb als ein durch Arbeitsteilung entstandenes (soziales) Gebilde gesehen, in dem gewirtschaftet wird. Die Betriebswirtschaftler drücken das so aus: „Der Betrieb *ist* eine Organisation". Der terminus technicus Organisation ist hier sozusagen „Sammelbegriff für sämtliche zielgerichteten sozialen Systeme" (Bühler 1987, S. 4).

Dem steht der instrumental-betriebswirtschaftliche Organisationsbegriff gegenüber: Das Unternehmen wird als Organisation bezeichnet, weil es eine Organisation (Struktur) hat. „Der Betrieb *hat* eine Organisation" (Hahn 1997).

Wenn wir mit den Betriebswirtschaftlern sagen, der Betrieb hat eine Organisation, so verstehen wir unter Organisation die Summe aller Regelungen, mit deren Hilfe die Betriebsleitung eine planvolle Ordnung zu realisieren versucht, eine Ordnung, durch die das betriebliche Geschehen in seinem formalen Ablauf Kontinuität garantiert. Verstehen wir also mit den Betriebswirtschaftlern unter Organisation zunächst die Gesamtheit aller Regelungen, die ordnungsgemäße Abläufe garantieren, so bilden diese Regelungen „den konkreten Inhalt der Betriebsorganisation" (Fries 1999).

Betrachten wir diese beiden Auffassungen („Der Betrieb ist eine Organisation" und „Der Betrieb hat eine Organisation") nun im Lichte einer systemischen Begrifflichkeit. Was ergibt sich daraus für die Beantwortung der Frage nach der Lernfähigkeit von Organisationen?

Ich beginne mit der Formel „Der Betrieb hat eine Organisation".
Das ist eine durchaus systemtheoretische Auffassung. In der Tat kann jede Unternehmung, jede Organisation als ein *System* angesehen werden, „in dem die finanziellen, technischen und menschlichen Ressourcen so miteinander kombiniert werden, dass es seine Ziele effektiv (und i.d.R. wirtschaftlich) erreicht" (Borrmann 1984, S. 338). Dieser Autor fährt fort: „Dieser Kombinationsprozess wird durch das ‚zentrale Nervensystem' des Unternehmens – das Managementsystem – gesteuert" (ebd.).

Nach dieser Konzeption ist eine Organisation ein System, in dem finanzielle, technische und menschliche Ressourcen miteinander kombiniert werden. Was bedeutet diese Konzeption („Der Betrieb hat eine Organisation") für unsere Frage: Können Organisationen lernen?

Eine Organisation als System von Regelungen ist eine abstrakte Größe. Ein solches Abstraktum kann natürlich selbst nichts lernen. Lernen können allenfalls diejenigen, die den Betrieb oder die soziale/pädagogische Einrichtung regeln, also vor allem die Manager. Ob sie lernfähig sind, hängt vor allem davon ab, von welchem Organisationsverständnis sie ausgehen. Sie können vom eher formalistischen Organisationsbegriff ausgehen, der die formale Organisation in den Vordergrund stellt; die *formale* Organisation wird als die bewusst geschaffene, rational gestaltete Struktur zur Erfüllung unternehmerischer Zielsetzungen bezeichnet. Als störend empfunden werden bei einer solchen Auffassung allerdings die Auswirkungen der *informalen* Organisation, das sind die Strukturen, die durch die persönlichen Ziele, Wünsche, Sympathien und Verhaltensweisen der Mitarbeiter bestimmt werden.

Ein solcher rationalistischer Organisationsbegriff klammert das „Menschliche" aus; somit ist konzeptionell die Lernfähigkeit einer Organisation in Frage gestellt. Wie Hans Ulrich (1985) in seinem Aufsatz „Organisation und Organisieren in der Sicht der systemorientierten Managementlehre" darlegt, stellt das planmäßige, bewusste Organisieren allenfalls eine notwendige Ergänzung oder Korrektur informaler Strukturen im Unternehmen dar. Letztere lege den Grundstein für eine Organisation, ein Gebilde nämlich, das zur Selbstorganisation fähig sei mit einer sich laufend bildenden und verändernden informalen Struktur. Für unsere Frage „Können Organisationen lernen?" können wir – folgen wir dieser Argumentationsfigur – festhalten: Organisationen überleben durch ihre Fähigkeit zur Selbstorganisation durch zukunftsweisende, wirtschaftliches Handeln unterstützende Strukturentwürfe.

Alle, die am Organisationsprozess eines Unternehmens partizipieren (egal ob im Profit- oder im Non-Profit-Bereich), alle Personen, die für die Belange einer Organisation verantwortlich sind, sind unter diesem Gesichtspunkt gefordert: ihre Lernbereitschaft, ihre Lernfähigkeit ist gefordert. Unter diesen Voraussetzungen können wir dann sagen: Organisationen können lernen, weil diejenigen, die für die Organisationen verantwortlich sind, lernen können. Gefragt ist also Systemkompetenz. Dies bedeutet beim Umgang mit Komplexität, dass sich (in Bezug auf die Lernfähigkeit) nach Malik (2002)[10] zwei verschiedene Konzepte unterscheiden lassen:

Konstruktivistisch-technomorpher Theorietyp	Systemisch-evolutionärer Theorietyp
Management ...	Management ...
1. ... ist Menschenführung	... ist Gestaltung und Lenkung ganzer Institutionen in ihrer Umwelt
2. ... ist Führung weniger	... ist Führung vieler
3. ... ist Aufgabe weniger	... ist Aufgabe vieler
4. ... ist direktes Einwirken	... ist indirektes Einwirken
5. ... ist auf Steuerbarkeit ausgerichtet	... ist auf Optimierung ausgerichtet
6. ... hat im Großen und Ganzen Information	... hat nie ausreichende Information
7. ... hat das Ziel der Gewinnmaximierung	... hat das Ziel der Maximierung der Lebensfähigkeit

Bei unserer Ausgangsformel „Der Betrieb *hat* eine Organisation" geht es nicht um den fertigen Gegenstand Organisation, sondern um die Tätigkeit des Organisierens. Organisation ist in diesem Verständnis ein komplexes Sinnsystem, kaum ein rational planbares Gebilde, vielmehr eine Struktur, die sich durch die Fähigkeit zur Selbstorganisation laufend bildet und verändert, ein dynamisches System sozusagen von Kognitionen, genauer von Erwartungen, Vorstellungen, Hypothesen, Strategie-Entwürfen, etc. pp.
Dieses dynamische Element von Organisation impliziert natürlich den Begriff des Wandels, des Lernens. So gesehen, können wir in der Tat doch davon ausgehen: Organisationen können lernen.

---

[10] Zitiert nach der Ausgabe von 1986.

Wie steht es nun mit der Formel „Der Betrieb *ist* eine Organisation"? Kann diese Aussage ebenfalls systemisch gewendet werden und etwas über die Lernfähigkeit von Organisationen aussagen? Dieser Frage möchte ich im folgenden Kapitel nachgehen.

Kapitel 6
Selbstorganisation in Organisationen

Mit dem Wort „Organisation" kann sowohl die Tätigkeit des Organisierens als auch das Resultat dieser Tätigkeit bezeichnet werden (Klaus 1986). Wenn wir sagen, „der Betrieb ist eine Organisation", so denken wir an das Resultat des Organisierens. Unter diesem Gesichtspunkt kann eine soziale oder pädagogische Einrichtung ja durchaus auch gesehen werden, so etwa, wenn wir danach fragen, welches Resultat organisierende Sozial- und Bildungsplaner hervorgebracht haben.

So gedacht, sind Organisationen planbar und lenkbar. So gedacht, können Organisationen in dem Maße lernen, wie ihre Macher lernen können. Aber können sie das wirklich? Ein einfaches Gedankenexperiment kann uns bereits nachdenklich machen. Wir stellen uns eine komplexe Organisation mit vielen Abteilungen und vielen Mitarbeitern vor. Denken wir uns etwa einen Jugendhilfeträger, der Ausbildungsstätten für Hunderte von Jugendlichen bereitstellt. Kann der Chef dieser Einrichtung mit seinen MitarbeiterInnen so umgehen, dass er ihre Schritte durch Vorgaben, Regelungen, Aufgabenstellungen, Anweisungen, etc. lenken kann?

Natürlich kann er das überhaupt nicht, er müsste ja an jedem Ort und zu jeder Stunde bei jedem anwesend sein, um die Befolgung aller ausgegebenen Maximen zu kontrollieren. Eine Organisation ist in diesem Sinne überhaupt nicht steuerbar.

Und dennoch funktioniert die Einrichtung bestens. Wie das möglich ist, erschließt sich uns erst, wenn wir den Gedanken der „Selbstorganisation" einführen: Das hoch komplexe soziale System „Jugendhilfeträger XY" funktioniert nur, weil es den Gesetzmäßigkeiten der Selbstorganisation gehorcht. Ich beziehe mich im Folgenden auf die Theorie der Selbstorganisation, wie sie Hermann Haken als „Synergetik" formuliert hat. Diese Theorie hat den Vorzug, dass sie beides im Auge hat, sowohl die Systemeinflüsse von außen, die ein soziales oder pädagogisches System determinieren (zum Beispiel finanzpolitische Entscheidungen, die einschneidend wirken), als auch diejenigen Phänomene des sich von selbst vollziehenden Organisierens im Innern, die ohne Zutun von außen entstehen.

Was ist Synergetik? Hermann Haken hat die Synergetik, die „Lehre vom Zusammenwirken" begründet. „In allen Gebieten der Wissenschaft, die von der Physik, Chemie und Biologie bis hin zur Soziologie reichen, haben wir es mit Systemen zu tun, die aus einigen oder vielen einzelnen Teilen bestehen. Diese Teile stehen in Wechselwirkungen, die von ganz verschiedener Natur sein können. Aufgrund dieser Wechselwirkungen entstehen makroskopische Strukturen, und zwar in sehr vielen Fällen ohne ein spezielles Zutun von außen, das heißt, das System findet seine Struktur alleine ... Bei den einzelnen Teilen und den daraus aufgebauten Systemen kann es sich um ganz verschiedene Dinge oder Personen handeln. Zum Beispiel bilden die verschiedenen Personen einer Gesellschaft spezifische Gruppen, die im Wirtschaftsablauf spezifische Aufgaben übernehmen und so eine spezielle Wirtschaftsstruktur hervorbringen. In der Physik bringen es die Atome in der Lichtquelle Laser fertig, durch Selbstorganisation eine ganz neue Art von Licht zu erzeugen, mit völlig neuen Eigenschaften, die in keiner anderen Lichtquelle verwirklicht werden konnten" (Haken 1991, S. 65 f.).

Um zunächst beim Beispiel des Laserlichts zu bleiben: In der eben zitierten Arbeit von Haken erläutert der Physiker die atomaren Eigenschaften des Lichts und führt aus, wie aus dem „normalen" Licht synergetisch das neue, viel mächtigere Laserlicht entsteht. Die Elektronen der Atome befinden sich beim normalen Licht nicht im Gleichtakt. Wenn nun aber durch eine spezifische physikalische Vorrichtung (eine bestimmte Stellung von Spiegeln; eine erhöhte Stromzufuhr) günstige Außenbedingungen gegeben sind, kann sich Erstaunliches ergeben: Wenn durch den elektrischen Strom ursprünglich viele Elektronen in Atomen angeregt sind, so kommt es hier zu einer „Lawine von Licht". Zunächst entstehen immer wieder verschiedene Lichtlawinen, die unter sich aber noch verschieden sein können. „Es kommt nun innerhalb des Lasers zu einer Konkurrenz zwischen derartigen verschiedenen Lichtlawinen, wobei die erfolgreichste gewinnt ... Hat eine solche Lichtwelle aber die Oberhand gewonnen, so wird es ihr möglich, die einzelnen Elektronen der Atome in ihren Takt zu zwingen. Die gewinnende Lichtwelle heißt Ordner oder Ordnungsparameter" (ebd., S. 70 f.).

Was nun passiert, nennt Haken Ordnungsbildung, die sich ganz ohne Zutun von außen entwickelt. Wenn wir das Beispiel des Laserlichts aufgreifen, so lässt sich dieser Vorgang der Ordnungsbildung wie folgt beschreiben:

Das Einwirken der Ordnungsparameter (die gewinnende Lichtwelle) auf die einzelnen Elektronen bezeichnet Haken als „Versklavung": Alle

Elektronen bewegen sich sozusagen im Gleichtakt. Gleichzeitig unterstützen „die Elektronen durch die Ausstrahlung der Lichtwelle die nun entstandene Lichtwelle, so dass sich also der Ordner in Form der Lichtwelle und die versklavten Teile – die Elektronen – in ihrem Verhalten gegenseitig bedingen" (ebd., S. 71).

Springen wir von der Physik in die Organisationstheorie. Hermann Haken führt dazu in dem zitierten Buchbeitrag aus:

> „Betrachten wir ein ganz konkretes Beispiel für einen Ordner in einer Firma. Ein Ordner ist das Betriebsklima, oder vielleicht im allgemeinen Sinne ausgedrückt der ‚Geist der Firma'. Dieser drückt sich nach außen etwa durch das ‚Corporate Image' aus, das insbesondere auch in der Werbung dargestellt wird, durch den Stolz der Mitglieder auf die Firma, das Ansehen der Firma oder auch durch Slogans, etwa wie bei der IBM ‚Think'" (ebd., S. 80).

Nun kommt die für Organisationsberatung entscheidende Frage, wie im Sinne der Synergetik das Betriebsklima einer Firma beeinflusst werden kann: „Ganz zweifellos ist es nicht möglich, dass man jedem einzelnen einen Befehl gibt, lache oder sei fröhlich oder unterstütze die Firma" (ebd., S. 80 f.). Hier seien allgemeine, „wohldefinierte" Zielvorgaben gefragt, die aber dem einzelnen Mitarbeiter der Firma Spielraum für Eigeninitiative einräumen müssten (zum Beispiel Abgrenzung von Kompetenzen; adäquate Delegation von Aufgaben; Förderung einzelner Initiativen, die zu einer verantwortlichen Partizipation der Betroffenen führen) (ebd.).

Welches sind die Systemelemente, die in einer Organisation in Wechselwirkung zueinander stehen? Elemente eines Organisationssystems sind deren Mitglieder, sind deren Handlungen in der Organisation, sind die Myriaden von Handlungsentwürfen, Erwartungen, Vorstellungen, Pläne, etc. aller am Organisationsprozess beteiligten Individuen, aber es sind auch die verstetigten Abmachungen, die von diesen Organisationsmitgliedern getroffen werden und für alle verbindlich gemacht worden sind; Systemelemente sind nicht zuletzt auch die dingfesten Teile einer Organisation, die materiellen Systemelemente.

Alle diese Systemelemente sind zu einem komplexen Netz von Systembeziehungen miteinander verwoben mit dem Ziel einer Produktion von materiellen und/oder geistigen Gütern. Wir können mit Recht sagen, dass vom Gedanken der Selbstorganisation her, mit der Idee der effizienten Produktion *ein* Motor in der Organisation gegeben ist, der die Systemmitglieder – im Sinne der Terminologie von Herman Haken – versklavt.

Unter optimalen Bedingungen nun leistet das System Organisation, was einzelne Individuen niemals alleine zuwege bringen würden. Wir können dabei an die Errichtung der ägyptischen Pyramiden denken oder an die Französische Revolution oder – etwas näherliegend – an die sanfte Revolution von 1989 in der DDR. Es gibt zahlreiche experimentelle Nachweise, dass der in einer Kleingruppe erreichbare Synergie-Effekt bewirkt, dass die Leistungen der Gruppe, verglichen mit denen einzelner Akteure, die für sich arbeiten, höher sind (Brunner 2000). Was für Gruppenleistungen in kleinen Lern- und Arbeitsgruppen empirisch nachweisbar ist, ist auch für Großgruppen und Organisationen zu erwarten.

Der Betrieb ist eine Organisation, das heißt systemtheoretisch, der Betrieb ist ein System, ein auf einen Synergie-Effekt hin ausgerichtetes sich selbst-organisierendes System, in dem eine bestimmte Mode die übrigen Moden versklavt, so dass die der Organisation eigentümliche Synergie zustande kommt. Mit der Lehre vom Zusammenwirken, mit der Synergetik, hat Hermann Haken den Grundstein gelegt für eine Theorie, die den Synergie-Effekt erklärt, die aber auch Hinweise dafür bereithält, wie es sich mit der von mir im vorigen Kapitel beschriebenen Perseverationstendenz verhält.

Wir müssen nämlich – im Sinne Herman Hakens – nicht nur unseren Blick auf das optimale Miteinander der vielen an diesem komplexen System beteiligten Systemelemente lenken; das ist richtig und wichtig, ohne Zweifel. Was aber dringend mit bedacht werden muss, sind die externen Bedingungen (in der Sprache von Hermann Haken „die Kontroll-Parameter"), die sozusagen von außen auf das sich selbst organisierende System einwirken. Organisationen sind nicht sich selbstorganisierende Systeme, die wie Leibnizsche Monaden in sich abgeschlossen sind und unabhängig voneinander agieren. Ein Selbstorganisationssystem wie die soziale Organisation ist abhängig von den Gegebenheiten der Umwelt dieses Systems. Weshalb ist die Differenzierung „System/Systemumwelt" so wichtig, gerade für unsere Frage nach der Lernfähigkeit einer Organisation?

Organisationen müssen, weil abhängig von den Systembedingungen in der Systemumgebung der Organisation, sich arrangieren, sich adaptieren und sich akkommodieren, wenn sie überleben und erfolgreich sein wollen.

Es ist trivial zu sagen, dass ein Ökosystem, etwa ein Biotop in Form eines Teiches, keine Überlebenschance hat, wenn die Energiezufuhr von außen abgeschnitten wird (im Teich etwa das Wasser abgelassen wird).

Es ist ebenso evident, dass ein soziales System wie zum Beispiel eine Einrichtung der Wohlfahrtspflege in extremem Maße von den materiellen Gegebenheiten der Systemumwelt abhängig ist und dass das Überleben mancher Institution im sozialen Bereich – nachdem wir nun die sieben fetten Jahre hinter uns haben und uns längst in den sieben mageren Jahren befinden – extrem gefährdet ist. Hier aber nun spielt die Lernfähigkeit einer Organisation die Schlüsselrolle.

Die Stabilität einer Organisation, von der ich im vorigen Kapitel sprach, erfährt durch solcherlei Unbill von außen Einbrüche; das System wird instabil. In dieser Phase der Instabilität ist Lernfähigkeit gefragt, gefordert ist Flexibilität, Eingehen auf neue Bedingungen. Der de-stabilisierenden Tendenz in der Systemumgebung kann freilich verschieden begegnet werden. Man kann die Instabilitäten dadurch auffangen wollen, dass man verstärkt beim Alten bleiben will, sich einmottet und sich abkapselt, um in einem Festungsbunker zu überleben. Man kann den Instabilitäten auch trotzen mit einem Angebot an unkoordinierten und planlosen Aktivitäten, schnelllebigen Billigangeboten, etc. Man kann aber auch die Phasen der Instabilität als Chance auffassen zum gezielten Wechsel der Strategie, zur Veränderung der Produktion, zur Erlangung neuer Kompetenzen, etc.

Wie dem auch sei: das Selbstorganisationspotential ist in dieser Situation der Instabilität besonders herausgefordert, die Lernfähigkeit eines Unternehmens besonders gefragt; besonders das Management muss hier Flagge zeigen. Es ist ein ganzheitliches Führungsverständnis gefragt, das Voraussetzungen für eine Organisationskultur im Sinne einer Lernkultur schafft. „Entwicklungen zur lernenden Organisation" sind jetzt gefragt.

In diesen Phasen der Instabilität werden die Weichen für das künftige Schicksal der Organisation gestellt. Die „lernende Organisation" hat allein Überlebens-Chancen.

Kapitel 7
Was kann Organisationsberatung bewirken?

Es ist die uralte Frage der Pädagogik: Auf welche Weise kann Erziehung überhaupt etwas bewirken? Und für unseren Kontext: Wie und wo kann Organisationsberatung in einer sozialen oder pädagogischen Einrichtung überhaupt einen Einfluss auf Veränderungsprozesse nehmen?

Im letzten Kapitel habe ich versucht, die Fähigkeit einer Organisation zu beschreiben, aus innen heraus zu Veränderungen zu kommen. Nun konzentriere ich mich auf die Frage der Einwirkungsmöglichkeit von außen. Um die Rolle zu verstehen, die eine Organisationsberatung bei Veränderungsprozessen in Organisationen einnehmen kann, greife ich zunächst exemplarisch auf die Situation des schulischen Lernens zurück.

So trivial es klingen mag: Lernen muss der Schüler selbst, das kann niemand stellvertretend für ihn tun. Lernen ist ein Selbstorganisationsprozess, in dem ein Schüler beispielsweise seine Wissensbasis so umstrukturiert, dass er eine neue Information aufnehmen kann, die nicht zur bisherigen Wissensstruktur passt. Dies gelingt mal leichter und mal schwerer, und ist naturgemäß von allerlei Voraussetzungen und Bedingungen abhängig, u.a. auch vom Potenzial des Lerners.

Nicht alle lernen so leicht wie Adrian Leverkühn in Thomas Manns Doktor Faustus. Der Hauslehrer erkennt sofort das kleine Genie, für ihn ist der achtjährige Adrian begabt mit einer „raschen, sonderbar souveränen und vorwegnehmenden, ebenso sicheren wie leichten Auffassung und Aneignung". Der Lehrer ist gewöhnlich nicht auf solche Fälle eingestellt, er ist „gewohnt, seinen Lehrstoff unter anspornendem Lobe und desperatem Tadel in lahm bemühten und widerstrebenden Köpfen unterzubringen". Das ist im Prinzip die – hier zwar dichterisch fein umschriebene, jedoch unverkennbare – Metapher vom Nürnberger Trichter. Heutige Pädagogen, heutige Lehr-Lern-Forscher verlassen sich mit Recht nicht mehr auf diese Methode des Eintrichterns.

Wie aber soll die Lehrerin/der Lehrer dann vorgehen? Die Psychologie der Einflussnahme ist für den Pädagogen eine permanente Herausforderung. Beim Beruf des Lehrers ist das Veränderungsmanagement Teil seiner Profession: Neben dem erforderlichen Fachwissen soll der gute

Pädagoge über ein Veränderungswissen verfügen: Welche Schritte sind notwendig, um eine Schülerin/einen Schüler beim Lernen und Umlernen in adäquater Weise zu begleiten? Die Lehrerin/der Lehrer greift dazu auf eine elaborierte Didaktik zurück, auf Erkenntnisse der Unterrichtsforschung, auf Wissen über kognitive, affektive und soziale Voraussetzungen und Bedingungen des schulischen Lernens.

Was aber ist mit den kollektiven Umlernprozessen? Woher nimmt eine Schule die Kompetenz, anstehende Veränderungen klug zu managen? Wie kann die Schulverwaltung, die Kultusbehörde einen Reformprozess so gestalten, dass Akzeptanz gefördert und notwendigerweise auftretende Irritationen minimiert werden? Was müsste Organisationsberatung hier tun?

Schauen wir uns das komplexe Lehr-Lern-System am Beispiel des schulischen Unterrichts einmal genauer an, so werden wir dessen gewahr, dass der Lehrer sich in einer paradoxen Situation befindet: auf der einen Seite kann er nicht für den Schüler lernen, das muss dieser schon selbst tun; auf der anderen Seite soll er in das autonome System des einzelnen Lerners intervenierend eingreifen, um Lernen anzuregen, zu erleichtern, etc. Wie soll das gehen, wenn der Schüler ein eigenes Lernsystem für sich bildet?

Ein solches Lern-System wird von Vertretern einer spezifischen systemtheoretischen Richtung als autopoietisches System bezeichnet; der Terminus technicus Autopoiese, hergeleitet von den griechischen Begriffen „autos" (selbst) und „poicin" (machen), bezieht sich auf einen Organismus oder ein beliebiges anderes „lebendes System" mit der Fähigkeit zur Selbstreferenz und zur Selbsterhaltung. Ein autopoietisches System ist nach Maturana (1982) autonom gegenüber seiner Umwelt. Obwohl materiell und energetisch offen, determiniert es seine Zustandsfolgen aufgrund seiner spezifischen internen Struktur, die die Autopoiese ermöglicht.

Das autopoietische, selbstreferentielle System Lehrer kann nicht unmittelbar auf das autopoietische, selbstreferentielle System Schüler einwirken. Der Systemtheoretiker Niklas Luhmann nennt dies das „Technologieproblem der Pädagogik". Eine objektive Technologie ist nach Luhmann in der Pädagogik nicht möglich, allenfalls gibt es die subjektiven Technologien der am pädagogischen Prozess beteiligten Interaktionspartner. Wenn – so die Argumentationsfigur Luhmanns – schon eine direkte Einflussnahme des Lehrers auf den Schüler nicht möglich ist, so kann die Anschlussmöglichkeit doch über die subjektiven Technologien gewährleistet werden. Jedes selbstreferentielle System, also sowohl der Lehrer als auch der Schüler, macht sich Gedanken darüber, wie etwas zu bewirken ist: der Lehrer überlegt, wie Schüler denken und argumentieren, wo sie anknüpfen könnten; desgleichen schätzen die Schüler ihren Lehrer ein in Bezug auf ihre Erwartungen an die Didaktik des Lehrers. Solche Überlegungen auf beiden Seiten nennt Luhmann „Kausalpläne". Bei den Kausalplänen handelt es sich naturgemäß um Selektionen und damit um Vereinfachungen. Der Lehrer selektiert, er wählt in dem als variabel eingeschätzten Bereich Zustände des Systems, eigene Zustände, Zustände der Schüler und Zustände des Interaktionssystems Unterricht (Luhmann & Schorr 1979, S. 354). Das Ergebnis solcher Selektionen ist dann freilich äußerst situationsabhängig und variabel. Unterricht ist so gesehen dann nicht planbar im strengen Sinne, dem Lehrer bleibt nichts anderes übrig, als „situationsrelative Kausalpläne" zu benutzen und sich primär an variablen Faktoren, an Ereignissen zu orientieren" (ebd., S. 358). Das ist dann eine Unterrichtstechnologie, die vom Zufall lebt. Das entsprechende Stichwort bei Luhmann heißt „Optimierung der Subjektheit von Selbstreferenz" (S. 350).

Mir scheint, Luhmanns scharfsinnige Analyse des Technologieproblems endet in zu vagen Aussagen über „Optimierung der Subjektheit von Selbstreferenz", die es wahrscheinlicher macht, dass gewünschte Wirkungen eintreten (ebd., S. 362). Luhmanns pädagogische Hoffnung reduziert sich nämlich auf den Zufall: der Lehrer müsse „zugreifen, wenn sich geeignete Konstellationen ergeben" (ebd., S. 360). Ich meine, der Lehrer kann hier auch dem Zufall ein wenig nachhelfen und greife den Gedanken der Autopoiesis noch einmal im Kleid der Selbstorganisationstheorie auf, die ich im vorangegangenen Kapitel schon ein wenig skizziert habe.

Dazu eine Vorbemerkung: Eine echte Veränderungen kommt einem qualitativen Sprung von einem bisherigen Zustand in einen neuen gleich. Bei (echten) Veränderungen handelt es sich nicht einfach um lineare Verschiebungen quantifizierbarer Größen. (Programme zur Gewichtsabnahme machen zum Beispiel gelegentlich glauben, es ginge um solche lineare Senkungen entsprechender physikalischer Mess-Einheiten.)

Für das Verständnis von Veränderungs- und Lernprozessen bei Einzelpersonen oder bei Organisationen benötigen wir nun eine Theorie, die nicht nur rein quantitative Veränderungen beschreibt, sondern auch qualitative Veränderungen. Eine solche Theorie finden wir in der Theorie

dynamischer Systeme vor, die ich im Folgenden in einem Exkurs prä-
sentiere.

EXKURS: ZUR VERÄNDERUNGSDYNAMIK

Veränderungen in biologischen oder sozialen Systemen, die einen
Wechsel von einem bestimmten Zustand in einen anderen einschließen,
verlaufen in einer spezifischen Änderungsdynamik ab. Der frühere Zustand ist instabil geworden, das System strebt einem neuen Zustand ent-
gegen.
Solche instabilen Zustände kennt jeder aus seinem Leben (Auf welche
Schule sollen wir unser Kind schicken? Soll ich heiraten oder nicht?
Etc.)
Auch Unternehmen stehen fast permanent vor solchen dichotomen Ent-
scheidungen: Sollen wir investieren oder nicht? Sollen wir neues Perso-
nal einstellen oder nicht?
Dieses Oszillieren, dieses Hin-und-her-Schwanken können wir im Sinne
der Theorie dynamischer Systeme als Systemverhalten bezeichnen, das
sich unter bestimmten Systembedingungen zeigt. Das unsichere
Schwanken zwischen zwei möglichen Alternativen kann mit Hilfe der
Theorie der dynamischen Systeme wie folgt beschrieben werden:
Gegeben ist ein bestimmter Systemzustand unter spezifischen Systembedingungen. Veranschaulichen kann man sich die Dynamik auf die
Weise, dass man sich eine Kugel, die den Systemzustand bzw. das Systemverhalten symbolisiert, vorstellt.

Abbildung 1

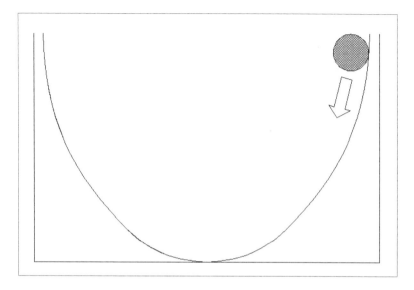

Das Verhalten des Systems lässt sich dabei anhand des Gleichgewichts-
verhaltens der Kugel in einer Potential-Landschaft verdeutlichen. Diese
Potential-Landschaft stellt sozusagen den Bedingungsraum externer
Größen dar. Nimmt man beispielsweise ein gedämpftes Pendel, so ist
das Systemverhalten, symbolisiert durch die Kugel, leicht voraussagbar.
Das Potential des gedämpften Pendels, die Potential-Landschaft für die-
sen Fall, lässt sich graphisch durch eine Parabel darstellen (vgl. Abb. 1).
Der Gleichgewichtspunkt dieses Systems, der stabile Zustand, der er-
reicht wird, liegt im Minimum des Potentials, wo die erste Ableitung der
Potentialfunktion Null wird. Das gedämpfte Pendel verhält sich wie die
Kugel, die an der tiefsten Stelle der Mulde liegen bleibt.
Die Theorie dynamischer Systeme erlaubt uns zu beschreiben, wie ein
System einen stabilen Gleichgewichtszustand erreichen kann. Die Kugel
wird unter den hier gegebenen Bedingungen hin und her rollen und
schließlich in der Mulde liegen bleiben, was das Erreichen eines stabilen
Gleichgewichtszustands symbolisiert. Das Erreichen eines stabilen
Gleichgewichtszustands ist gleichwohl abhängig von den externen Be-
dingungen für das betreffende Systemverhalten. Das Systemverhalten
ändert sich unter veränderten Ausgangsbedingungen wie bei der Poten-

tiallandschaft mit zwei Talsohlen (vgl. Abb. 2). Mit einem gewissen Schwung wird die Kugel zunächst die gesamte Potentiallandschaft durchrollen mit dem Gipfel und den Mulden. Bei entsprechendem Schwung hat die Kugel (das heißt der Systemzustand) eine Stabilität. Mit dem Langsamer-Werden der Kugel ergibt sich jedoch eine zunehmende Instabilisierung, und es kommt zu einem kritischen Punkt des Systemverhaltens, an dem bereits kleinste Zufalls-„Fluktuationen", zufällige Anstöße aus der Umgebung zu großen, makroskopischen Veränderungen in Form neuer Gleichgewichtszustände führen können.

Abbildung 2

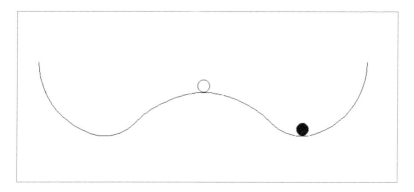

Am kritischen Punkt eines Potentialgipfels ist die Gleichgewichtslage derart instabil, dass eine Voraussage des Systemverhaltens unmöglich wird. Der instabile und symmetrische Zustand verändert sich hin zu größerer Stabilität und wird asymmetrisch. Die Kugel kann nur entweder rechts oder links herunterrollen. Dieser Vorgang wird als Symmetriebrechung oder *Bifurkation* bezeichnet.

Abbildung 3

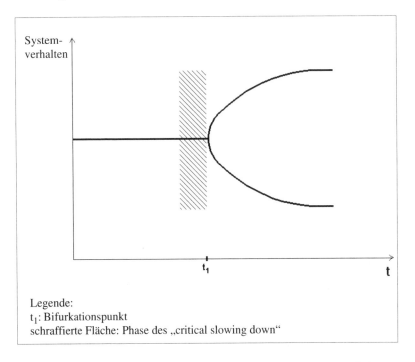

Legende:
t_1: Bifurkationspunkt
schraffierte Fläche: Phase des „critical slowing down"

Wird dieser Verlauf in einem Diagramm (Abb. 3) veranschaulicht, so stellt sich das anfängliche Hin- und Herrollen der Kugel als insgesamt stabiler Prozess dar, der erst durch das Langsamer-Werden der Kugel an einen Instabilitätspunkt (Bifurkationspunkt) kommt, wo das bisherige symmetrische Oszillieren plötzlich unterbrochen wird und das System – irreversibel – in einen neuen Zustand wechselt. Der Zeitpunkt des Umspringens aus dem bisherigen Zustand in einen neuen Zustand ist in der Grafik in Abb. 3 mit t_1 angegeben; die Phase davor des kritischen Langsamer-Werdens („critical slowing down") ist durch die schraffierte Fläche gekennzeichnet.

Soweit der Exkurs auf das theoretische Modell. Wie kann man mit diesem Modell den Vorgang der Veränderung in Organisationen beschreiben? Das Management mag sich vorübergehend in einer sehr ähnlichen Phase des Oszillierens befinden. Wir erwarten, dass es aus dem instabilen Zustand der Unsicherheit, ob die Maßnahme A oder die Maßnahme

B zu treffen sei, in den stabilen Zustand der „richtigen" Entscheidung für eine einzelne Option gelangt. Dass das Umspringen in den neuen Ordnungszustand nicht zufällig erfolgen soll, sondern in eben einer für die Organisation „vorteilhaften" Weise, stellt die Herausforderung für das Management (und gegebenenfalls für die Organisationsberatung) dar.

Vor dem Umspringen in den neuen Zustand aber gibt es – sowohl auf der persönlichen Ebene der Manager und/oder der Mitarbeiter als auch auf der kollektiven Ebene des Gesamtunternehmens – Irritationen. Die kollektiven Irritationen sind wahrnehmbar (a) auf der Makroebene des dynamischen System (zum Beispiel lange Verhandlungen über eine „feindliche Übernahme" eines Konzern durch einen anderen Konzern); dahinter verbergen sich (b) auf der Mikroebene des Gesamtsystems hochkomplexe Zusammenhänge.

(a) Was die – makroskopisch sichtbaren – kollektiven Turbulenzen betrifft, so bringt eine anstehende Unternehmensentscheidung als kollektives Ereignis eine ganze Belegschaft dazu, zum Beispiel zu oszillieren zwischen den beiden Möglichkeiten „Zustimmung" oder „Ablehnung". Eine zunehmende Instabilisierung ist die Folge.

Aus der Sicht des Veränderungsmanagements ist anzumerken (wir greifen hier schon einmal vor), ob es nicht besser ist, einen intendierten Wandel (zum Beispiel eine Hochschulreform) klarer vorzustrukturieren und durchzuplanen, so dass dann eine klügere Organisation des Transformationsprozesses weniger Staub aufwirbelt. Jene, die eine Reform in Gang bringen wollen, tun gut daran, sich einer qualifizierten Organisationsberatung zu bedienen. Denn wir wissen ja aus dem Bereich der Unternehmensberatung, dass jede tiefgreifende Änderung in einem Unternehmen mit der Trägheit der etablierten Struktur zu kämpfen hat. Auf keinen Fall kann eine Reform gelingen, die einfach auf dem Diktum einer Gruppe von Leuten in der Chefetage aufbaut und von den MitarbeiterInnen einfach die Übernahme einer unternehmerischen Entscheidung erwartet. Reinhard Sprenger hat diesen Zustand treffend beschrieben: „Menschen widersetzen sich nicht dem Wandel. Sie widersetzen sich, gewandelt zu werden" (so in der „Wirtschaftswoche" vom 8.7.1997, S. 146).

Hier ist nicht nur Überzeugungsarbeit zu leisten. Es bedarf auch der kundigen Hand eines geeigneten Kybernetes, eines Steuermanns, der das Schiff vom Ufer des bisherigen Zustands ans andere Ufer des neuen Zustands bringt. Die Kybernetik der Veränderung, die Steuerungskunst der Veränderung muss mitbedacht werden.

Die Organisation des Veränderungsprozesses impliziert beides, Sachverstand, das heißt, Kenntnis der Materie, und gekonntes Veränderungsmanagement. Am Sachverstand der Kultusminister und ihrer fachwissenschaftlichen Berater zweifle ich nicht, wenn sie sich zum Beispiel an die Arbeit zu „PISA und die Folgen" machen. Was nicht fehlen darf, ist ein pädagogisch klug vorbereiteter und pädagogisch gut begleiteter Prozess der Veränderung.

(b) Bei meinen Erwägungen zum Veränderungsmanagement habe ich bisher nur das makroskopisch erkennbare Auseinanderfallen zum Beispiel der Belegschaft in „Befürworter" und „Gegner" thematisiert. Nun lohnt sich auch der Blick auf das komplexe System dessen, was mikroskopisch alles unter die Termini „Befürwortung" bzw. „Ablehnung" zu fassen ist. Welches sind die Elemente des Systems auf der Mikroebene? Die Mikroebene selbst, die sich aus dem komplexen Miteinander der verschiedensten Systemelemente zusammensetzt, kam bisher nicht in den Blick. Auf der Mikroebene ist erkennbar, dass Komponenten ganz verschiedener Provenienz das System komplizieren: Komponenten dieses Systems sind zum Beispiel die Meinungen, Urteile, etc. über die Veränderungsvorschläge, wie sie von den Verantwortlichen und den Betroffenen geäußert werden.

Nehmen wir einmal als Beispiel die sogenannte „Rechtschreibreform" der letzten Jahre. Die Komponenten für das komplexe System „Rechtschreibreform" sind nicht nur philologischer Natur. Zu diesem komplexen System gehören auf der Mikroebene auch die potentiellen Nutzer selbst mit ihren Kognitionen und Emotionen, mit ihrer persönlichen, je spezifischen Wissensbasis und ihrer Motivationsbereitschaft, eine neue Schreibweise zu übernehmen.

Die Frage liegt auf der Hand, welche pädagogischen Maßnahmen denn ein kluges Veränderungsmanagement für dieses Reformunternehmen und für vergleichbare Fälle beinhalten müsste, bzw. wo und wann denn ein optimales Veränderungsmanagement einsetzen müsste. Um dieser Frage nachzugehen, greifen wir noch einmal das oben skizzierte theoretische Konzept von der Systemdynamik auf. Welche Möglichkeit des pädagogisch-intervenierenden Eingriffs gibt es überhaupt, wenn man von komplexen nicht-linearen Systemen ausgeht? Der lernende Schüler in der Schule, den ich vorhin als Paradebeispiel aufgeführt habe, wo könnte er in seinem Selbstorganisationsprozess der Ordnungsbildung, überhaupt unterstützt werden? Wie funktioniert das Managen von kollektiven Umlernprozessen unter diesen Prämissen? Mit welcher pädagogischen Unterstützung durch OrganisationsberaterInnen können dabei ManagerInnen und MitarbeiterInnen bei ihren Umstrukturierungsprozessen rechnen?

Sobald das von einer Entscheidungsnot geplagte Mitglied einer Organisation oder die Führungsetage oszilliert zwischen zwei Entscheidungsmöglichkeiten, ist die Stunde der Organisationsberaterin gekommen, durch geeignete Hinweise und Lernhilfen stützend einzugreifen. In dem von mir oben skizzierten Modell dynamischer Systeme, veranschaulicht anhand der Potential-Landschaft mit den zwei Mulden und einem Gipfel in der Mitte (Abb. 2) ergibt sich eine extrem instabile Phase in der Mitte, wenn die Kugel langsamer wird: „Die geringste zufällige Fluktuation genügt nun, damit das System sein Gleichgewicht verliert" (Kriz, 1992, S. 146). Mit dem Langsamer-Werden der Kugel ergibt sich eine zunehmende Instabilisierung und es kommt zu einem kritischen Punkt des Systemverhaltens, an dem bereits kleinste Zufalls-„Fluktuationen", zufällige Anstöße aus der Umgebung zu großen, makroskopischen Veränderungen in Form neuer Gleichgewichtszustände führen können.

Am kritischen Punkt eines Potentialgipfels ist die Gleichgewichtslage derart instabil, dass eine Voraussage des Systemverhaltens unmöglich wird. Hier schlägt nun die Chance des Pädagogen/der Pädagogin. In der Umgebung des kritischen Punktes (Bifurkationspunktes) nämlich ist die Sensibilität des Lerners am größten, hier ist die pädagogische Begleitung des Lernprozesses am wichtigsten. Hier findet sich möglicherweise der „fruchtbare Moment im Bildungsprozess", wie ihn Copei (1958) beschrieben hat.

Die pädagogische Begleitung einer Veränderung in einer Organisation ist also möglich, wenn „man die Gunst der Stunde nutzt". Eine dirigistische Lenkung durch eine Organisationsberatung ist jedoch nicht möglich, allenfalls kann die „sanfte Hand" einer Organisationsberaterin/eines Organisationsberaters – im entscheidenden Augenblick und mit dem dazugehörenden Fingerspitzengefühl – einen Anstoß zur Veränderung geben.

Die Selbstorganisationstheorie lehrt uns also, dass es in der Phase einer Instabilität im System, bei immer langsamer werdenden Fluktuationen („critical slowing down"), oft nur weniger Impulse bedarf, damit das System in einen neuen Systemzustand umspringt. Der Attraktor des Systems, der das Systemgleichgewicht repräsentiert, ist in dieser instabilen Phase flach, und schon kleine Fluktuationen (der berühmte Schmetterlingsflügelschlag in Australien, der einen Taifun auf den Philippinen mit auslöst) entscheiden, welchen neuen Attraktor das System aufsucht.

Das ist die Chance für die „lernende Organisation": Im richtigen Augenblick die richtige gezielte Aktion durchzuführen und nicht etwa ein umfangreiches Programm von Trainings und Schulungen (das ist ja auch teuer und ist in Relation zu dem riesigen Aufwand, der betrieben wird, ineffektiv).

Nun können wir verstehen, was die totale Lenkbarkeit der Systemänderungsprozesse einschränkt und damit auch die Perseveranztendenz von Organisationen erklärt:

Lernen neuer Muster kann, wie Tschacher (1990, S. 156) ausführt, „nicht gegen die Muster, die die Dynamik bereitstellt, erfolgen, sondern nur mit der Dynamik erfolgreich sein." Das heißt für das Management von Organisationen und für die Organisationsberatung: Ein Selbstorganisationsprozess kann zwar ansatzweise „gelenkt" werden (eben in der kritischen Phase der langsamer werdenden Fluktuationen), aber nur im Rahmen der Attraktoren, die das System selbst hervorbringt. „Dieser Attraktor muss in der ,dynamischen Welt' des Systems liegen, wenn auch hinter dem Horizont des jetzigen" (ebd.). Möglicherweise ist ein solcher Attraktor noch unbekannt, da er vom System noch nicht aufgesucht worden ist.

Das Veränderungsmanagement ist und bleibt ein schwieriges Unterfangen. Wieso das so ist, erläutert Tschacher am Beispiel psychotherapeutischer Prozesse: „Der Übergang (Phasenübergang, ,Katastrophe') in den neuen Attraktor ist der ,energieaufwendigste' Schritt ... Die zugehörige Therapiephase ist ,heiß': konfrontativ, emotional, intensiv" (ebd., S. 156 f.).

Übertragen auf die Organisationsberatung heißt das: Der Phasenübergang in einer Organisation, der qualitative Sprung von einem Zustand in den neuen Systemgleichgewichtszustand, ist der energieaufwendigste Schritt. Die zugehörige Umstrukturierungsphase ist „heiß": konfrontativ, emotional und intensiv.

II

Aus der Praxis der Organisationsberatung in sozialen und pädagogischen Handlungsfeldern

Kapitel 8
Das Hott! und Hü! bei der Auftragsgestaltung

Lehrbeispiel 1: Zwei Auftraggeber und ein Auftrag

Dieses Kapitel handelt von einer besonderen Dynamik im System „Auftragnehmer-Auftraggeber". Wenn BeraterInnen mit Organisationen zu tun haben, finden sie nicht immer eine klare Auftragslage vor. Wir werden später noch in einer anderen Fallstudie davon sprechen, wie der Auftraggeber, der Chef einer größeren Jugendhilfeeinrichtung, sich offenbar nicht im Klaren über sein Anliegen war, mit dem er sich an ein Organisationsberatungsinstitut wandte. Er konnte zu Beginn der Beratungstätigkeit noch keinen klaren Auftrag formulieren. Hier, in diesem Kapitel geht es um eine andere unklare Auftragslage, um die nämlich, die entstehen kann, wenn es zwei Auftraggeber und einen widersprüchlichen Auftrag gibt.

Zwei Auftraggeber für *einen* Fall der Organisationsberatung: Das ist eigentlich nichts Ungewöhnliches. Mischfinanzierung ist oftmals unumgänglich und von da her sind mehrere Auftraggeber ja auch gut denkbar. Nur – sie müssen sich natürlich einig sein, wenn sie gemeinsam einen Auftrag vergeben. Dies wird in aller Regel der Fall sein und die OrganisationsberaterInnen können entsprechend davon ausgehen, dass ein gemeinsames Interesse der Auftraggeber vorliegt. Wenn eine schriftliche Vereinbarung getroffen wird, trägt der Kontrakt mehrere Unterschriften und die gemeinsame Zielsetzung der Auftraggeber ist damit dokumentiert.

Aber nicht immer liegt ein schriftlicher Kontrakt vor. Und nicht immer ist zu Beginn einer Organisationsberatung zu erkennen, dass die Interessen der Auftraggeber nicht miteinander übereinstimmen. Ein anderer Ausgangspunkt liegt vor, wenn es zu Beginn der Organisationsberatung eigentlich schon erkennbar ist, dass die Interessen der Auftraggeber auseinandergehen, der Auftragnehmer dies jedoch ignoriert.

Der Wanderer, der von sich im Vorwort sagte, dass er auszog, um Organisationsberatung zu lernen und zu lehren, berichtet im Folgenden von einem Erlebnis, das ihn in eine solche Bredouille brachte. Er hatte mit einem recht spezifischen Organisationssystem zu tun, das sich als ein Gespann entpuppte, bei dem der eine Partner „hott!" und der andere „hü!" sagte. Der Organisationsberatungsauftrag vereinigte im Kern zwei verschiedene Anliegen, deren Auseinanderklaffen zwar bald bemerkt, aber leider ignoriert wurde.

Doch der Reihe nach: Jede Organisationsberatung beginnt mit einer Anfrage. So auch hier. Der Dezernent für Soziales in einer Stadt rief mich an. Sie bräuchten in der Verwaltung sachkundigen Beistand für eine Reihe von Fragen, die mit der Organisation der städtischen Beratungsstellen zu tun hätten. Man suchte offenbar einen Experten. Es kam bald zu einem Vorgespräch, zu dem ich in die betreffende Stadt fuhr. Meine Gesprächspartner waren der Dezernent für Soziales und die Leiterin des Jugendamtes. Das Gespräch dauerte fast eine Stunde und verlief in einer guten Atmosphäre. Ich gewann das Vertrauen der beiden Gesprächspartner und fuhr mit der Aussicht auf einen Auftrag nach Hause.

Wenn ich zurückblicke und an dieses erste Gespräch denke, so bin ich verblüfft: Was sich später als „Kunstfehler" in der Beratung herausstellte, nahm hier seinen Anfang. Die beiden Gesprächspartner schilderten mir ein Anliegen, bei dem ich sofort Partei ergriff und das mich in gewisser Weise gegen meine ersten Auftraggeber einnahm. Zu diesem ersten Auftraggeber in Gestalt der beiden Behördenvertreter kam nämlich noch ein weiterer Auftraggeber hinzu, so dass ich streng genommen zwei Auftraggeber hatte:

In Bezug auf das Beratungsangebot in der Stadt gingen die Meinungen über Umstrukturierungsmaßnahmen auseinander. Wie beim Tauziehen standen sich die beiden Lager gegenüber: das Amt auf der einen Seite und die Freien Träger, die im Auftrag der Stadt für die psychologischen, sozialen und sozialpädagogischen Beratungsstellen in der Stadt zuständig waren, auf der anderen Seite. Eine um mehrere Jahre zurückliegende Verwaltungsreform hatte Wunden geschlagen; es gab seinerzeit Einsparungen der Verwaltung, von denen die Freien Träger stark betroffen gewesen waren.

Nun standen wieder Umstrukturierungsprozesse vor der Tür. In Bezug auf die städtische psychosoziale Versorgung wurden weitere Einsparungen angekündigt. Das brachte die Freien Träger der Wohlfahrtspflege auf den Plan. Konfrontiert mit diesem Widerstand besann man sich im

Amt des Experten von der Universität. Von ihm erwartete man, dass er die notwendigen Umstrukturierungen fachlich begründen würde.
Ich spürte diese Erwartung sehr deutlich: Das Amt suchte einen Beistand für sein Anliegen. Der Experte von der Universität sollte den betroffenen Freien Trägern der Wohlfahrtspflege mit entsprechenden Analysen den Weg weisen, so dass diese auf die Linie der Stadtverwaltung einschwenken würden.
Die Freien Träger wiederum erwarteten vom Experten, dass er das Anliegen der Fachleute aus dem psychosozialen Bereich unterstützen und sachliche Argumente (und Zahlen) liefern würde, um das bestehende städtische Angebot an Beratung zu sichern.

Offen gestanden, hatte ich einiges an Sympathien für die Freien Träger übrig. Mehr noch: In diesem entscheidenden Vorgespräch im Amt fasste ich innerlich den Beschluss, dass ich mich für die Sache der Beratungsstellen verwenden wolle und die Position der Beratungsstellen stärken wolle. Die Position der „Technokraten" im Amt war mir nicht geheuer; sie schienen mir auf Einsparungen versessen und ich empfand, sie wiegten sich in dem Glauben, der ganze Apparat mit den städtischen psychosozialen Beratungsstellen sei aufgeblasen und müsse „gesund geschrumpft" werden.

Mit der Wahl dieser Worte verrate ich, auf wessen Seite ich stand und mit welcher Motivation ich ans Werk ging. Vielleicht ist meine fachliche Position sogar irgendwie verständlich und unter Umständen sogar akzeptabel. Manchem mag es auch nobel erscheinen, wenn sich jemand für den Erhalt und den Ausbau des Netzes an psychosozialer Beratung einsetzt. Aber aus dem Blickwinkel der Organisationsberatung war mein Ansatzpunkt mehr als kritikwürdig. Warum?

Ich habe in den vorangegangenen Kapiteln versucht, die Fundamente zu benennen, auf denen Organisationsberatung aufbaut. Eine der tragenden Säulen, so formulierte ich, sei das Vertrauen zwischen Auftraggeber und Auftragnehmer. Die klare Kommunikation, der ständige Kontakt und ein (möglichst) expliziter Kontrakt seien die Grundlagen für die Arbeit von OrganisationsberaterInnen. Nur so sei das schwierige Geschäft des Veränderungsmanagements zu bewerkstelligen: Schwerfällig gewordene, von „Natur" ohnehin änderungsresistente Organisationen/Einrichtungen müssen sich ja öffnen, wenn sich überhaupt etwas ändern soll. Und öffnen wird sich jemand nur, wenn ein Klima des Vertrauens gegeben ist: Das ist im zwischenmenschlichen Bereich so und das ist bei Teams und bei Organisationen nicht anders.

Ein Organisationsberater tut gut daran, sich dies immer wieder zu vergegenwärtigen: Er kann einen Lernprozess in einer sozialen oder pädagogischen Einrichtung nur dann begleiten und unterstützen, wenn seine
Tätigkeit von Anfang an positiv aufgenommen wird. Das heißt aber
auch, dass er sich davor hüten muss, vorschnell parteiisch zu sein und
einseitig die Belange einzelner Personen oder einzelner Betriebseinhei-
ten zu unterstützen. Erforderlich ist vielmehr eine neutrale Haltung, quasi die eines Unparteiischen. Das bedeutet, dass der Organisationsberater
einen Sinn für Gerechtigkeitsausgleich innerhalb der Organisation be-
sitzt und jedem einzelnen Mitglied einer Institution oder eines Unternehmens das Gefühl eines persönlichen Wertes vermitteln kann.[11] Außerdem ist es natürlich klug, sich nicht die Sympathien eines Teils der Belegschaft oder des Managements zu verscherzen.

Neutralität und Allparteilichkeit[12] sind also sowohl aus ethischen als auch
aus „handwerklichen" Gründen wichtige Voraussetzungen für eine gelingende Organisationsberatung; diese Prinzipien zu verletzen, kommt einem
Kunstfehler gleich.

Für einen der beiden Auftraggeber einseitig Partei zu ergreifen, war ein
Kunstfehler. Nun: Aus Fehlern kann man lernen; das ist der Grund, warum ich hier von einem Fehler berichte. Bei einem Kunstfehler zu Beginn der Beratungstätigkeit ist es wie bei einem „Strickfehler", der sich
– ist er einmal versehentlich in das kunstvolle Gewebe geraten – später
immer wieder zeigt und als immer wiederkehrender Fehler im „Strickmuster" erhalten bleibt. Was geschah?

*Das Anliegen der Verantwortlichen im städtischen Amt kollidierte – wie
oben schon skizziert – mit den Plänen und Erwartungen der Freien Träger. Die Fortdauer des Konflikts schien vorprogrammiert. (Auch hier
ließ sich so etwas wie ein „Strickmuster", quasi ein Konfliktmuster erkennen!) Aus Sicht des Organisationsberaters war in erster Linie ein
Konfliktmanagement angesagt. Ein solches konnte aber nur anlaufen,
wenn sich alle Betroffenen am runden Tisch versammeln würden.*

*Tatsächlich kam es zu einem Treffen zwischen den Vertretern der Stadt-
verwaltung und den Vorsitzenden der Wohlfahrtsverbände. Zu diesem
Gespräch nahm ich einige meiner Studierenden mit.*

---

[11] Vgl. hierzu Simon & Stierlin (1999) zum Stichwort „Allparteilichkeit".
[12] Zur Unterscheidung dieser beiden Begriffe siehe Simon & Stierlin (ebd.).

Die Positionen in diesem Gespräch blieben verhärtet. Meine Idee eines Konfliktmanagements wurde nicht aufgegriffen. Für Organisationsberatung sei kein Geld da, hieß es lapidar.

Stattdessen konzentrierte man sich auf sachliche Belange. Ein zweistufiges Vorgehen schälte sich als wünschenswert heraus und fand Zustimmung von allen Seiten: Auf der Basis einer Zustands-Analyse (1. Schritt) sollten dann gemeinsam Konzepte für die städtische psychosoziale Versorgung erarbeitet werden (2. Schritt).

Die Arbeiten für die Analyse wurden an mich und meine Studierenden vergeben. Wir nahmen sie in Angriff in der Hoffnung, dass wir dann die Gelegenheit erhalten würden, die „eigentliche" konzeptuelle Arbeit des 2. Schritts professionell zu begleiten.

Dazu ist es nie gekommen. Wir haben zwar eine ausführliche Expertise im Sinne des ersten Schrittes erstellt. Zwar fand diese Expertise Zustimmung von allen Seiten und wird bis heute in dieser Stadt gerne als Nachschlagewerk genutzt; einen Folgeauftrag haben wir jedoch nie erhalten. Der Grund lag, wie ich vermute, nicht in fehlenden Geldern zur Honorierung der weiteren beraterischen Tätigkeit, sondern vielmehr in dem zu Beginn von mir gemachten Kunstfehler, das Anliegen des einen Auftraggebers ernst zu nehmen und das des anderen zu vernachlässigen, ein Fehler, der sich – wie eben schon angedeutet – dann als „Muster" fortsetzte.

Das „Hott!" des einen Auftragsgebers und das entgegengesetzte „Hü!" des anderen hat den gesamten Prozess gelähmt. Den Kunstfehler, nur auf den einen Ruf zu hören und den anderen zu „über"hören, hätte ich nicht begehen müssen. Als mir in der entscheidenden Situation des Vorgesprächs mit den Vertretern der Behörde klar wurde, dass ich zwischen zwei Stühlen saß, hätte ich zwei Möglichkeiten gehabt: Ich hätte entweder die Diskrepanz, die ich wahrnahm, offen ansprechen können und eine entsprechend transparente Auftragsklärung vornehmen können, oder ich hätte von Vorneherein die Annahme eines Auftrags ablehnen können.

Die Moral aus der Geschichte: Das jeweils vorgetragene Anliegen eines Kunden ist in der Organisationsberatung uneingeschränkt ernst zu nehmen. Es geht nicht an, einen Auftrag, den man erhält, klammheimlich umzufunktionieren und den Auftrag „umzudeuten". Der Dialog mit dem Kunden muss von Anfang bis Ende offen und klar sein; nur so bleibt das Vertrauen erhalten und nur so kann die Arbeit später weitergehen.

Einen ähnlich lehrreichen Fall findet man in dem Klassiker der systemischen Organisationsberatung von Selvini Palazzoli et al. (1984): Ein
Psychologe wird bei seiner Einstellung implizit vom Chef des Unternehmens darum gebeten, „er möge die Spitze der Organisation doch aus seiner Analyse der betrieblichen Missstände ausklammern" (ebd., S. 246).
Der Psychologe hält sich aber nicht an die vertragliche Abmachung und
versucht, über Mittelsmänner doch Veränderungen in der Unterneh-
mensspitze in Gang zu bringen. Mit diesem Vorhaben muss der Psychologe scheitern.

In ihrer theoretischen Begründung gehen die Autorinnen bei diesem
Fallbeispiel von etwas anderen systemtheoretischen Prämissen aus, die
ich an dieser Stelle nicht näher expliziere. In Bezug auf den gemachten
Kunstfehler kommen Selvini Palazzoli et al. jedoch zu einer sehr ver-
gleichbaren Schlussfolgerung wie ich in meinem oben ausgeführten Beispiel: Der Psychologe sollte sich „nur ein einziges Ziel setzen: die Förderung der funktionalen Kommunikation zwischen ihm und der Spitze
der Organisation bzw. den auf gleicher hierarchischer Ebene mit ihm an-
gesiedelten Kollegen. Wir sind weiter der Meinung, dass die erste Aufgabe des Psychologen auch in Bezug auf die anderen Subsysteme darin
besteht, die funktionale Kommunikation zu ermöglichen und voranzu-
treiben ..." (ebd., S. 250).

Der Systemtheoretikers Heinz von Foerster (1981, S. 60) formulierte
den ethischen Imperativ: „Handle stets so, dass weitere Möglichkeiten
entstehen!" OrganisationsberaterInnen sollten sich an eben diesem ethischen Imperativ orientieren und sich bei allen Aktivitäten zu Herzen
nehmen, dass es am besten ist, wenn man die Zahl der Optionen erhöht,
statt sie durch unkluges Handeln einzuschränken.

Kapitel 9
Ein Hoch auf die Arbeit in Projektgruppen!

LEHRBEISPIEL 2: SYNERGIEEFFEKTE DURCH GRUPPENARBEIT

Teamarbeit ist im sozialen Bereich sehr verbreitet, in manchen sozialpädagogischen Arbeitsfeldern ist das Zusammenarbeiten in Gruppen sogar unverzichtbar. Im Bereich der Schule stößt Gruppenarbeit jedoch eher auf Ablehnung. Lehrer-Teams vor einer Klasse, das ist kaum vorstellbar. Und die Arbeit in Schülergruppen wird auch nicht gerade hoch geschätzt. Das ist bedauerlich, wo doch einschlägige Forschungen übereinstimmend zu dem Ergebnis kommen, dass die schulische Gruppenarbeit einen doppelten Effekt erzielt: Zum einen steigen die Leistungen der Schüler (auch die der besten Schüler!), zum anderen verbessert sich das soziale Klima in der Klasse (Brunner 2000).

In diesem Kapitel möchte ich exemplarisch aufzeigen, dass Gruppenarbeit in der Organisationsberatung *die* Methode der Wahl ist. Das Beispiel entlehne ich wiederum meinem persönlichen Erfahrungsschatz. Die Gruppenarbeit, auf die ich mich in meinem Beispiel beziehe, fand jedoch nicht in irgendeiner Organisation statt, mit der ich als Organisationsberater zu tun hatte; vielmehr handelt es sich bei meinen Beispielen von Gruppenarbeit um Erfahrungen aus der Lehre an der Universität, Erfahrungen, die ich mit denjenigen Studierenden am Institut für Erziehungswissenschaften der Universität Jena gesammelt habe, die „Pädagogische Organisationsberatung" studieren und die dabei in Projektgruppen arbeiten. In Kapitel 3 habe ich dieses postgraduale Studium bereits vorgestellt.

Was diesen Aufbaustudiengang auszeichnet, ist zum einen der interdisziplinäre Charakter und zum andern das Konzept des Projektstudiums. In Kapitel 3 habe ich bereits die Gründe benannt, die für das Konzept des Projektstudiums sprechen. Nun kann ich auf die Voraussetzungen eingehen, die für die Realisierung des Projektsstudiums erforderlich sind. Um welche strukturellen Voraussetzungen handelt es sich?

Erforderlich ist zunächst zweierlei: Zum einen muss die zahlenmäßige Größenordnung stimmen, die Zahl der Aufbaustudierenden darf nicht zu klein und nicht zu groß sein; zum andern muss eine Kontinuität für die gemeinsame Projektarbeit gewährleistet sein. Eine elementare Voraussetzung für das gemeinsame Arbeiten in Projekten ist, dass sich die Studierenden gut kennen und in der Projektarbeit aufeinander verlassen können. Wie ist all dies zu erreichen?

Die Zahl der Studierenden ist dazu zu begrenzen; die Quote in Jena liegt zwischen mindestens fünf und höchstens fünfzehn Studierenden.[13] Noch wichtiger ist, dass das Aufbaustudium als Kurs studiert wird: Alle zwei Jahre beginnt ein neuer Aufbaustudiengang. Somit fangen alle gemeinsam an und wachsen binnen kurzem zu einer festen Gruppe zusammen. Die gemeinsame Arbeit in den Projekten trägt das Ihrige dazu bei: Die Studierenden des Aufbaustudiengangs müssen sich treffen und arrangieren; die gemeinsamen Projekte schmieden zusammen und erfordern ein gewisses Maß an gegenseitiger Verpflichtung. Nur so lässt sich die für ein Projekt notwendige Kontinuität in der gemeinsamen Arbeit realisieren.

Wenn diese Voraussetzungen gegeben sind, kann der Synergieeffekt eintreten, den ich zu Beginn dieses Kapitels (am Beispiel der schulischen Gruppenarbeit) schon angedeutet habe. Alle, die bisher das Aufbaustudium abgeschlossen haben, sagen übereinstimmend, dass ihnen diese Form des Projektstudiums sehr gut gefallen hat, dass sie begeistert mitgearbeitet haben und sehr viel für sich mitgenommen haben. Woran liegt das? Die zahlenmäßige Begrenzung der Studierenden und die Einrichtung des Kurssystems sind zwar notwendige, aber nicht hinreichende Erklärungen für die hohe Akzeptanz des Aufbaustudiums. Und dass das ganze als Projektstudium organisiert ist, ist für sich genommen auch noch keine Garantie für Erfolg. Zwar garantiert das Projektstudium eine hohe Praxisnähe und schafft ideale Voraussetzungen zur Reflexion der theoretischen Grundlagen in der Organisationsberatung, das allein aber reicht noch nicht aus, um die hohe Zufriedenheit der bisherigen AbsolventInnen dieses Studiengangs zu erklären.

Die hohe Akzeptanz dieses Studierkonzepts beruht meines Erachtens auf den Synergie-Effekten, die durch die Gruppenarbeit erzielt werden. Die einzelnen Studierenden des Aufbaustudiengangs gesellen sich durch die gemeinsame Arbeit in den Projekten zu einer Gruppe von hoher Kohärenz und Akzeptanz.

---

[13] Bisher hatten wir Gruppen mit neun bis elf Studierenden.

Die zu einer Gruppe zusammenwachsenden Studierenden bilden eine relativ geschlossene Gruppe. Die Studierenden lernen dadurch viel über Gruppendynamik, die in der Praxis der Organisationsberatung immer eine Rolle spielt. Ein Lernzuwachs in Gruppendynamik setzt natürlich voraus, dass die gruppendynamischen Effekte, die in der Gruppe auftreten, erkannt, benannt und adäquat aufgearbeitet werden.

Indem sich die Gruppenmitglieder mit sich selbst beschäftigen, können sie aus dieser Binnenperspektive viel über die Befindlichkeiten von MitarbeiterInnen in Organisationen erfahren.

Die gemeinsame Arbeit in der Gruppe hat ein zweites Plus: Die Studierenden lernen die Bedeutung der Kooperation in der Teamarbeit kennen und sie haben die Möglichkeit, sich in basale Fertigkeiten der zwischenmenschlichen Kommunikation einzuüben, die in Organisationen oftmals ein kümmerliches Dasein fristen. Außerdem gibt es eine Reihe unverzichtbarer Kompetenzen für die Organisationsberatung, die – sozusagen spielerisch – in dieser Situation der Gruppenarbeit eingeübt werden können: Das Leiten von Sitzungen einschließlich der persönlichen Rückmeldung zur Moderation im Anschluss an die Gruppensitzung; die Anfertigung von Sitzungsprotokollen, die allen TeilnehmerInnen möglichst rasch nach der Sitzung zugänglich gemacht werden, so dass in der Folgesitzung auch hier ein Feedback möglich ist; und last but not least: die Logistik der Projektplanung, -durchführung und -auswertung bei der Realisierung der eigenen Projekte.

Dass die Projektarbeit im Aufbaustudium so erfolgreich ist, hat – neben den von mir schon genannten beiden Gründen, die mit dem Synergie-Effekt der Gruppenarbeit zu tun haben – noch zwei weitere Gründe: Zum einen liegt der Erfolg der Projektarbeit darin begründet, dass real existierende Fälle aus dem Feld der Organisationsberatung bearbeitet werden; zum anderen darin, dass bei der Entscheidungsfindung der Projektgruppen strikt konsensuell vorgegangen wird.

Natürlich wäre es auch denkbar, Organisationsberatung in Trockenübungen zu trainieren (etwa über die Methoden des Rollenspiels und des Planspiels). Der Ernstcharakter der Arbeit mit real existierenden Fällen aus dem Feld der Organisationsberatung wirkt sich demgegenüber jedoch viel günstiger aus, denn die Studierenden sind unmittelbar mit den K-Fragen der Organisationsberatung (Kommunikation, Kontakt und Kontrakt) konfrontiert: Da ist ein Kunde, der ein echtes Anliegen hat, dem in Kongruenz und Echtheit zu begegnen ist; und da sind all die Aufgaben, die auf einen professionellen Organisationsberater einströmen, im Kern gegeben, von der Auftragsklärung (siehe die Ausführungen im vorangegangenen Kapitel) bis hin zur Abfrage der Kundenzufriedenheit nach der Durchführung des Auftrags.

Die Entscheidungsfindung in der Runde der Aufbaustudierenden verläuft dabei konsensuell, das heißt, dass nicht die Mehrheitsregel gilt (durchgeführt wird, was die Mehrheit der Mitwirkenden für richtig hält), sondern die Konsensregel: Durchgeführt wird, was in der Gruppe inhaltlich überzeugt und von allen getragen wird. Die Stimme der Minderheit und die abweichende Meinung werden im Prozess der Entscheidungsfindung ernst genommen; eine Frage wird „ausdiskutiert", wenn noch kein Konsens erzielt worden ist. Das ist unter Umständen ein etwas langatmiges Verfahren, es führt jedoch dazu, dass alle hinter der dann schließlich getroffenen Entscheidung stehen. Diese Vorgehensweise schult

- die Fähigkeit, sich die Argumente der Andersdenkenden in Ruhe anzuhören und verstehen zu lernen,

- die Fertigkeit, kontrovers zu diskutieren, ohne zu verletzen und

- die Bereitschaft, konstruktiv zu konsensuellen Lösungen beizutragen.

Konkret können das beispielsweise Prozesse der Entscheidungsfindung sein, in denen das Aushandeln und das Finden von Kompromisslösungen im Mittelpunkt stehen.

Im Aufbaustudium „Pädagogische Organisationsberatung" suchen Studierende und Dozenten gemeinsam nach einer Projektidee oder nach einem konkreten Fall von Organisationsberatung. Die Gruppenentscheidung dabei über die Konsensbildung herbeizuführen, ist nicht nur für die Studierenden ein lehrreicher Prozess, sondern auch für den Dozenten. Man muss manchmal sehr geduldig sein. Aber die Geduld lohnt sich.

Ich erinnere mich zu gut an den ersten Kurs und den dort abgelaufenen Prozess der Projektfindung. Nachdem der Entschluss gefasst worden war, einen Verein zu gründen, waren konsensuell viele Fragen zu entscheiden und das nahm mit dieser Methode zum Teil recht viel Zeit in Anspruch. Meine Geduld wurde mehrfach auf die Probe gestellt. Das Ergebnis aber kann sich sehen lassen. Der erste Kurs hat nicht nur zusammen mit den Dozenten einen Verein gegründet, sondern die Absolventen dieses Aufbaustudiengangs haben es mit ihren Professoren fertig gebracht, dass aus der studentischen „Übungsfirma" inzwischen eine eigenständige, professionell arbeitende Organisationsberatungsinstitution geworden ist.

Organisationsberatung nicht nur in Trockenübungen zu vermitteln, sondern real existierende Fälle von Organisationsberatung zum Ausgangspunkt von Lernprozessen zu nehmen, war – wie oben beschrieben – konzeptionell vorgesehen. Wie aber ließ sich das bewerkstelligen? Auf welche Form der Organisation und auf welche Rechtsform konnte man dabei zurückgreifen?

Die Wahl fiel auf die Form des Vereins; wir, die Studierenden des ersten Kurses und die Professoren, gründeten einen „eingetragenen Verein". Der Verein formulierte als sein Ziel, „Aufgaben der Erziehung und der Berufs- und Volksbildung zu unterstützen" und gab sich den Namen „ORganisationsBeratungsInstitut Thüringen". Aus den Anfangsbuchstaben konnte das Kunstwort „ORBIT" gebildet werden. 1997 gegründet, beschlossen die Mitglieder schon ein Jahr später, dass der Verein auch nach Abschluss des ersten Kurses weiterbestehen und seine Ziele weiter verfolgen solle.[14]

Dies ist dann in der Tat erfolgt. Gruppenarbeit, erfolgreich erprobt im ersten Kurs, ist dann auch in den späteren Kursen zu einem wichtigen Medium des Lernens von Organisationsberatung geworden. Zugleich können kursübergreifend Projektgruppen entstehen.

Von den Projektgruppen war in diesem Buch immer wieder die Rede. Welche Bedeutung haben sie in der Ausbildung zum Organisationsberater/zur Organisationsberaterin?

Von Anfang an kristallisierten sich zwei verschiedene Arbeitsformen bei den Studierenden des Aufbaustudiengangs heraus: Bei der einen Arbeitsform arbeiten alle TeilnehmerInnen eines Kurses gemeinsam an einem Projekt; bei der anderen wird für eine spezifische Fragestellung oder für einen einzelnen Kunden eigens eine Kleingruppe aus dem großen Kreis der TeilnehmerInnen gebildet, die sich speziell mit einer Frage bzw. mit einem Anliegen des Kunden befasst. Bei ORBIT e.V. hat es

---

[14] Das Protokoll der Jahresversammlung 1998 vermerkt in diesem Zusammenhang, dass die Vereinsmitglieder (also die Absolventen des ersten Kurses) für den zweiten Kurs „eine Art von Mentorentätigkeit übernehmen (können); Mitglieder von ORBIT e.V. der ersten Ausbildungsgruppe können mit Mitgliedern der zweiten Ausbildungsgruppe Projektgruppen bilden und zusammenarbeiten."

sich eingebürgert, bei einer solchen ad hoc gebildeten Arbeitseinheit, die für ein Projekt eingerichtet wird, von einer Projektgruppe zu reden.
Die Projektgruppe ist also eine zeitlich befristet tätige Kleingruppe, bestehend aus mehreren Studierenden, die sich zur Durchführung eines spezifischen, zeitlich begrenzten Auftrags konstituiert.

Projektgruppen in diesem Sinne gibt es auch im Alltag: Ein Komitee, bestehend aus ein paar Leuten, plant ein Fest und trifft die entsprechenden Vorbereitungen; eine Gruppe von Mitarbeitern einer Einrichtung wird dazu abgeordnet, einen Gast dieser Einrichtung vom Flughafen abzuholen; eine Untersuchungskommission befasst sich über Monate hinweg mit der Klärung undurchsichtiger politischer Machenschaften.

Solche „Projektgruppen" haben jeweils eine fest umrissene Aufgabe und ein klar definiertes Ziel. Ob sie aber professionell arbeiten, ist eine andere Frage. Wenn OrganisationsberaterInnen eine Projektgruppe bilden, dürfen wir von einer solchen Projektgruppe erwarten, dass sie lege artis („nach den Regeln der Kunst") arbeitet. Um welche Regeln handelt es sich dabei? Was kennzeichnet Projektgruppen von Profis?

Die Absolventen des Aufbaustudiengangs „Pädagogische Organisationsberatung" an der Universität Jena haben die Methodik des Arbeitens in Projektgruppen auch für ihre weitere professionelle Tätigkeit aufgegriffen. Kommt eine Anfrage eines Kunden, so wird im Kreis der MitarbeiterInnen gefragt, wer Interesse daran hat, sich mit der Anfrage des Kunden zu befassen und gegebenenfalls in einer Projektgruppe mitzuarbeiten. Kommt der Auftrag dann zustande, dann konstituiert sich die Projektgruppe entsprechend und es wird aus dem Kreis der Projektgruppenmitglieder ein Projektgruppenleiter gewählt.

Diese Vorgehensweise hat sich in den ca. 30 Projekten, die ORBIT e.V. seither durchgeführt hat, außerordentlich bewährt. Diese Arbeitsmethode hat Eingang in die Philosophie des Unternehmens gefunden und ist zu einem unverzichtbaren Teil des Qualitätsmanagementsystems von ORBIT e.V. geworden (siehe dazu ausführlicher Kap. 16). Wie ist es zu erklären, dass diese Methode der Arbeit in Projektgruppen so erfolgreich ist?

Aus den Forschungen der Sozialpsychologie ist schon seit längerem bekannt, dass die Gruppe ganz generell einen Leistungsvorteil aufweist: Vergleicht man die Leistungen einzelner Personen mit denen von Gruppen, wenn es um das Lösen von Problemen geht, so schneiden die Gruppen in der Regel besser ab als die Einzelpersonen. Dies trifft allerdings nur zu, wenn bestimmte Rahmenbedingungen beachtet werden. Damit die Gruppenleistung die Einzelleistung übertrifft, muss gewährleistet sein, dass alle Mitglieder der Gruppe in adäquater Weise an der Lösung der Aufgabe beteiligt sind.

Damit haben wir schon ein entscheidendes Merkmal für die Vorteile von Projektgruppen formuliert: Alle Mitglieder der Projektgruppe übernehmen eine ganz spezifische Aufgabe und engagieren sich in etwa gleich starker Weise für die gemeinsam erarbeitete Zielerreichung. Bei der Erarbeitung von Lösungen gilt die goldene Regel, dass alle Arbeitshypothesen und Lösungsideen unzensiert in der Gruppe vorgebracht werden können.

Die Arbeitsstruktur der Projektgruppe wird so gestaltet, dass die Hierarchie maximal flach ist; auch wenn es einen Projektleiter gibt, so ist die Verantwortung für den Gruppenprozess doch auf alle Mitglieder der Projektgruppe gleich verteilt.

Das übergeordnete Gremium bei ORBIT e.V. ist das sogenannte Arbeitsforum, das sich in regelmäßigen Abständen trifft; darüber hinaus stehen die Mitglieder von ORBIT e.V. auch über das Internet in einem engen Kontakt miteinander. Über die Einrichtung von Projektgruppen wird in dem eben erwähnten Arbeitsforum entschieden; sind sie einmal eingerichtet, arbeiten sie aber weitgehendst autonom.

Will man also das Geheimnis des Erfolgs von Gruppenarbeit lüften, so sind es die folgenden Faktoren, die zu nennen sind:

Projektgruppen arbeiten erfolgreich, weil sie

- auf die Gleichwertigkeit der MitarbeiterInnen in der Projektgruppe Rücksicht nehmen (realisiert über die Gleichverteilung von Verantwortung in der Gruppe) und

- in Eigenverantwortung handeln (realisiert durch eine hohe Autonomie: Entscheidungen in der Projektgruppe werden weitgehend unabhängig von der Gesamtgruppe gefällt).

Dieses Arbeitsmodell ist wahrscheinlich nicht in jeder pädagogischen oder sozialen Einrichtung realisierbar. Aber vielleicht ist es als Modellvorstellung von Interesse. Im Übrigen ist die Effektivität einer Projektgruppe oder einer Arbeitsgruppe davon abhängig, wie gut die Kommunikation in der Gruppe ist. Aus dem Bereich der betrieblichen Organisation ist bekannt, dass „Vertrauen, effektive Kommunikation, schneller

Feedback und Kreativität" Voraussetzung für positive synergetische Effekte sind (Sprüngli, 1981).

Kapitel 10
Wenn die Chemie nicht stimmt

Konfliktpotenziale in Betrieben schlummern überall: Im Management genauso wie bei der Belegschaft. Durch Konflikte können in Organisationen hohe Reibungsverluste entstehen. Das kann die Arbeit in pädagogischen und sozialen Einrichtungen u.U. erheblich beeinträchtigen. So treten beispielsweise in den Schulen zwischen Lehrern gelegentlich massive Konflikte auf. Auch zwischen Schülern gibt es immer wieder Zank und Streit. Um das Verhältnis zwischen Lehrern und Schülern steht es allzu oft nicht zum Besten.

In den sozialen Einrichtungen sind die Konflikte vielleicht nicht so deutlich sichtbar, aber durchaus virulent, was oft bereits am „Klima" der Einrichtung spürbar ist. Spannungen im Team können in der Supervision bearbeitet werden. Was aber tun die leitenden MitarbeiterInnen, die nicht in den Genuss von Supervision kommen? Was schließlich machen die Chefs selbst mit den ungelösten zwischenmenschlichen Problemen in ihrer Einrichtung?

Konflikte können viele Ursachen haben. Eine Konfliktlösung lässt sich selten anhand eines einzelnen Lösungsschemas erreichen, da die Konfliktkonstellation jeweils einzigartig ist. Das wird bereits deutlich, wenn wir uns die Rahmenbedingungen vor Augen halten, die jeden zwischenmenschlichen Konflikt mehr oder weniger stark mit beeinflussen.

Der Leiter einer größeren sozialen Einrichtung, der mit Querelen zu tun hat, muss vielleicht auch auf den Verband Rücksicht nehmen, dem sein „Haus" angehört. Die innerbetrieblichen Vorgänge sind ja nur das eine, sie sind aber oft verwoben mit den außerbetrieblichen Kontakten und Abhängigkeiten. Wenn hinzukommt, dass auch noch Richtlinien und gesetzliche Bestimmungen zu beachten sind, verbieten sich manchmal einfache Lösungswege.

Das alles macht die Konfliktbewältigung in Organisationen nicht gerade leicht. Angesichts der Komplexität der Konfliktkonstellationen in Unternehmen, gleich welcher Art sie sind, bedarf es eines besonderen Fingerspitzengefühls beim Konfliktmanagement. Für die Organisationsbe-

ratung ist dabei der bereits im vorgegangenen Kapitel aufgezeigte konsensuelle Weg der Lösungsfindung conditio sine qua non:
Wer sich im Konfliktmanagement betätigt,

- muss sich die Sichtweisen und Argumente der am Konflikt beteiligten Personen in Ruhe anhören können,

- muss eine Sprache finden, die nicht verletzend ist, und

- muss bereit sein, konstruktiv zu einer konsensuellen Lösung beizutragen.

Damit ist implizit schon ein wichtiger Grundsatz des Konfliktmanagement skizziert: Es geht vorrangig nicht um Schuldzuweisung. Was die Natur zwischenmenschlicher Konflikte so kompliziert macht, ist das Ineinander-Verwoben-Sein von Konfliktursachen, die sich durch ihren dynamischen Charakter nicht nur einer einzelnen Person oder einem Kreis von Personen zuordnen lassen. Auch hier gilt es vor aller Schuldzuschreibung zu bedenken: „Das Tun des Einen ist das Tun des Anderen" (Stierlin 1995). Das läuft den gängigen Konfliktlösestrategien zuwider, die versuchen, einen Konflikt zu personalisieren und auf eine bestimmte Person mit ihrer jeweiligen Befindlichkeit und mit der dazu gehörigen Konfliktgeschichte einzuengen (vgl. dazu grundlegend: Watzlawick et al. 2000).

Ich erinnere mich an eine Grundschullehrerin, die mich mit folgendem Beratungsanliegen aufsuchte: Die Eltern ihrer Klasse seien so gegen sie aufgebracht, dass sie erreichen wollten, dass sie, die Lehrerin, an eine andere Schule versetzt werde.

Was immer die Vorwürfe der Eltern waren, so schien es mir, als ob der Konflikt bereits so weit eskaliert war, dass er sich im Sog einer Eigendynamik befand. Die Belastung der Lehrerin war offensichtlich, sonst hätte sie ja auch nicht die Beratungsstelle aufgesucht; aber ebenso evident schien mir die Konfliktkonstellation „Lehrerin – Eltern" mit der ihr eigenen Dynamik. Da ich die Position der Eltern nicht kannte, fehlte mir ein wichtiger Puzzle-Stein, um das Konfliktmuster verstehen zu können. Mein Vorschlag an die Lehrerin lag genau auf dieser Linie: Eine Konfliktlösung konnte nur auf den Weg gebracht werden, wenn alle beteiligten KonfliktpartnerInnen sich an einen Tisch begeben, um sich unter der Leitung einer Moderatorin oder eines Moderators auszusprechen und gemeinsam nach einem Lösungsweg zu suchen. (Leider griff die Lehre-

rin diesen Vorschlag nicht auf; ich weiß nicht, wie die Geschichte aus-
gegangen ist.)

Jede Organisation ist auf die motivierte und engagierte Mitarbeit der Be-
schäftigten angewiesen. Nur mit vereinten Kräften können die Ziele einer Einrichtung verfolgt und erreicht werden. Wenn der Sozialbetrieb
lahmt, ist das für alle Beteiligten demotivierend. Ein Teufelskreis kann
entstehen, wenn fehlende Motivation ein ungutes Arbeitsklima nach sich
zieht, das wiederum demotivierend ist, etc. pp.

Der Begriff „Teufelskreis" trifft das Moment der zirkulären Kausalität
recht genau: In einer „verfahrenen" Situation ist es kaum möglich, zwei-
felsfrei und „objektiv" einen Schuldigen auszumachen, zu sehr liegt die
Entstehung des Konflikts im Dunkeln. Damit ist aber auch zugleich eine
Chance gegeben, sich vom herkömmlichen Ursache-Wirkungs-Schema
zu lösen und eine Konfliktlösung zu versuchen, die aus diesem Schema
herausspringt.

Es ist offensichtlich, dass das Prinzip „Aug um Auge, Zahn um Zahn"
kein geeignetes Konfliktlösemuster darstellt. Die Dynamik kann zu
schnell in das Fahrwasser geraten, dass der Konflikt eskaliert. Bateson
(1988) hat dieses Phänomen als „symmetrische Eskalation" beschrie-
ben. Batesons Entdeckung geht auf ethnographische Studien zurück, die
er in den dreißiger Jahren des 20. Jahrhunderts auf Neu Guinea durch-
geführt hatte. Bateson hatte beispielsweise beobachtet, wie die Eingebo-
renen miteinander umgingen, wenn sie in Streit gerieten. Aufgrund sei-
ner Beobachtungen entwickelte Bateson das Konzept der „symmetri-
schen Kommunikation". Der Forscher bemerkte damals:

Je mehr eine Person A eine Verhaltensweise an den Tag legte, umso grö-
ßer war die Wahrscheinlichkeit, dass eben diese Verhaltensweise auch
bei der Person B auftrat. Im Falle von aggressiven Verhaltensweisen
konnte sich auf diese Weise innerhalb kürzester Zeit ein so heftiger Streit
entwickeln, dass er tödlich enden konnte.

Für das Eingreifen in einer solch heißen Phase der Auseinandersetzung
gibt es zunächst nur die Möglichkeit, die Streithähne zu trennen. Dabei
ist zu beachten, was ich im vorangegangenen Kapitel als Voraussetzung
für gelingende Projektgruppenarbeit beschrieben habe: Die OrganisationsberaterInnen müssen peinlichst auf *Neutralität* und *Allparteilichkeit*
achten und vom Prinzip der *Gleichwertigkeit* der zerstrittenen Partner
ausgehen.

Nicht immer ist eine schnelle Lösung erreichbar. Viel hängt davon ab, wie die (verquerte oder unterbrochene) Kommunikation zwischen den Betroffenen wieder so in Gang gesetzt werden kann, dass ein Sich-gegenseitig-Zuhören und ein Akzeptieren der Perspektive des Konfliktpartners möglich wird. Ich habe im vorangegangenen Kapitel Sprünglis (1981) Aussage zitiert, dass „Vertrauen, effektive Kommunikation, schneller Feedback und Kreativität" Voraussetzung für positive synergetische Effekte sind. Entsprechend wird ein Konflikt umso eher beizulegen sein, wenn es gelingt, verloren gegangenes Vertrauen wieder zu gewinnen, einen Austausch über die Perspektiven und Hintergründe des Konflikts in Gang zu bringen und Kreativität bei der Suche nach Konfliktlösungen walten zu lassen.

Das Aushandeln einer beiderseitig akzeptierten Lösung ist auch grundlegendes Prinzip bei der *Mediation*. Statt einen Streit vor Gericht zu tragen und sich einer richterlichen Entscheidung zu beugen, verfolgt das Konzept der Mediation die gemeinschaftliche Suche nach einer einvernehmlichen Lösung. Ziel ist, dass die Konfliktparteien im Sinne der „Niederlage-losen Methode" (Gordon 2000) zu einer Einigung kommen, die auch eine vertraglich besiegelte Regelung mit einschließen kann.

Kapitel 11
Der Weg ist nicht das Ziel

LEHRBEISPIEL 4: WARUM EINE ORGANISATION WISSEN MUSS,
WORAUF SIE HINARBEITEN WILL

Seit einiger Zeit kann man die Floskel hören „Der Weg ist das Ziel". Das ist Unsinn: Wenn ich ein Ziel erreichen will, kann der Weg, auf dem ich mich befinde, nicht schon das Ziel sein. Vielleicht sagt die Floskel etwas aus über den Sinnverlust und die Orientierungslosigkeit, mit der viele Zeitgenossen ziellos herumirren. Jemand, der kein Ziel hat, kann sich natürlich mit dem Weg zufrieden geben, auf dem er sich befindet, ohne zu wissen, wohin ihn der Weg führt.

Häufig ist auch ein anderer Slogan zu hören: Es sei für Unternehmen ungeheuer wichtig, Visionen zu entwickeln. Vielleicht steckt in der Rede von Visionen auch die (unausgesprochene) Idee, dass eine Vision es ermöglicht, das für die Unternehmung richtige (oder optimale) Ziel zu finden. Die so vehement heraufbeschworene Vision würde damit auf Ziele verweisen, die erreicht werden sollen und erreicht werden können.

All das spricht dafür, dass es für Organisationen und Einrichtungen im Bereich der Pädagogik und des Sozialen wichtig ist, ein Ziel zu haben, das man verfolgt, und ein Konzept zu haben, nach dem man arbeitet.

In dem von Frank Nestmann und Frank Engel herausgegebenen Buch „Die Zukunft der Beratung", habe ich in meinem Beitrag (Brunner 2002) über die Bedeutung der Ziele und Konzepte in sozialen und pädagogischen Einrichtungen das Beispiel eines großen privaten Jugendhilfeträgers erwähnt. Diese Einrichtung hatte sich an ORBIT e.V. gewandt, an das schon erwähnte „ORganisationsBeratungsInstitut Thüringen".

Bei den ersten Terminen mit den Verantwortlichen dieser Einrichtung war das Beratungsanliegen noch recht unklar. Nach einigen Gesprächen schälte sich heraus, dass u.a. die Frage im Raum stand, „was wir eigentlich mit unserer Einrichtung wollen".

Der Geschäftsführer verwies auf die in der Vereinssatzung festgelegten Ziele dieser Einrichtung der Jugendhilfe. Diese in sehr allgemeiner und in einer eher abstrakten Weise formulierten Vereinsziele reichten jedoch für die Klärung der Frage, „was wir eigentlich mit unserer Einrichtung wollen", nicht aus. Eine konkrete Umsetzung war erforderlich: Wie kann das, was da als allgemeines Ziel (zum Beispiel Hilfen für Jugendliche) formuliert ist, so in einzelne Vorhaben übersetzt werden, dass alle MitarbeiterInnen konkrete Ziele vor Augen haben. Erst dann wissen die MitarbeiterInnen, wofür sie arbeiten und wofür sie sich engagieren.

Hier bedingt sich beides wechselseitig: Um in einer solchen Einrichtung sinnvoll arbeiten zu können, muss man wissen, welches die allgemeinen Ziele des Unternehmens sind („Was wollen wir eigentlich mit unserer Einrichtung"). Zugleich sind aber auch die allgemein und abstrakt formulierten Ziele auf die Ebene der konkreten Zielfindung herunter zu brechen. Was aber an konkreter Zielfindung erarbeitet wird, muss sich dann wieder an der „Philosophie" des Unternehmens („Was wir eigentlich wollen") orientieren. Man kann sagen, dass dieser rekursive Zusammenhang von gezielter Umsetzung eines Plans und planvoller Zielgestaltung so etwas wie eine natürliche Spannung zwischen einem Ist-Zustand und einem Soll-Zustand erzeugt. Diese Spannung drängt dann nach Auflösung und wird zu einem Motor für Handeln. Das heißt, diese Spannung kann potenziell für jedes Individuum, für jede Gruppe und für jede Organisation als Motivationsschub wirken.

In der Psychologie werden die entsprechenden Überlegungen zur Zielfindung auch als „handlungsleitende Kognitionen" bezeichnet. Wenn OrganisationsberaterInnen beispielsweise Führungstrainings durchführen, so zielen sie gerade auf diese handlungsleitenden Kognitionen. In den Führungstrainings wird nicht nur darauf hingearbeitet, zu lernen, Führungsverantwortung zu übernehmen, sondern auch, Ziele zu formulieren und zu verfolgen.

Ich greife zur Illustration auf ein Beispiel zurück, das aus der Arbeit mit einer größeren Behörde stammt. Die Verantwortlichen in dieser Behörde hatten sich dazu entschlossen, in ihrem Bereich eine Verwaltungsreform durchzuführen. Die Behördenleitung, die Personalvertretung und die in dieser Behörde tätige Gewerkschaft hatten sich auf folgenden Katalog von Aufgaben verständigt, den sie im Rahmen der geplanten Verwaltungsreform abarbeiten wollten:

- Entwicklung eines Leitbilds,

- Formulierung eines Personalentwicklungskonzepts,

- Erstellung eines Konzepts zur Fort-, Aus- und Weiterbildung für die MitarbeiterInnen in den Abteilungen,

- Erarbeitung von Vorschlägen zur Aufbau- und Ablauforganisation,
- Überlegungen zu Strategien zur Einführung und Umsetzung des Reformpakets.

ORBIT e.V. erhielt den Auftrag, im Rahmen dieser Vereinbarungen zur Verwaltungsreform in der Startphase ein zweitägiges Führungskräfteseminar durchzuführen. Es ist klar, dass an diesen beiden Tagen nicht der gesamte Katalog durchgearbeitet werden konnte. Die SeminarleiterInnen von ORBIT e.V. mussten eine Auswahl treffen und stellten die SeminarteilnehmerInnen beispielsweise vor die Aufgabe, in Gruppenarbeit die beiden folgenden Fragen zu bearbeiten:

(1) Welches erste erreichbare Ziel legen Sie im Rahmen der Verwaltungsreform in Ihrer Behörde für das nächste Jahr fest?

(2) Wie gehen Sie strategisch vor, um dieses Ziel zu erreichen?

Aus dem Pool der auf diese Weise erarbeiteten Ziele und Vorschläge zur Umsetzung dieser Ziele greife ich ein einzelnes heraus, das Konsens fand: die TeilnehmerInnen einigten sich darauf, dass die Verwaltungsreform auch die Schaffung einer neuen Führungsebene einschließen sollte. Für die Realisierung dieses Ziels wurden verschiedene Umstrukturierungsvorschläge für die Behördenstruktur gemacht.

Ziele zu formulieren, dient nicht nur zur Selbstvergewisserung und zur eigenen Orientierung. Die Zielfindung in einer sozialen oder pädagogischen Einrichtung oder in einer Verwaltungseinrichtung hat immer auch einen legitimatorischen Aspekt: Keine dieser Einrichtungen besteht ja für sich selbst; sie wurde zu einem bestimmten Zweck geschaffen und hat eine bestimmte Aufgabe. Die Chefs und die MitarbeiterInnen orientieren sich an diesem Sinn und Zweck. Eine Rückbesinnung auf diesen Sinn und Zweck ist für die Weiterentwicklung einer Einrichtung unverzichtbar. Vielleicht hat sich ein einmal gestecktes Ziel ja auch als veränderungswürdig erwiesen. Oder: Vielleicht dreht sich alles nur noch „im eigenen Saft" und das Ziel, das die Einrichtung einmal hatte, ist aus dem Auge verloren gegangen.

Planlosigkeit bekommt keiner sozialen und pädagogischen Einrichtung und keiner Verwaltungsinstitution. Wenn ein Konzept veraltet ist, muss es durch ein neues ersetzt werden. Ich habe an anderer Stelle (Brunner 2002) auf ein entsprechendes Beispiel einer planlosen und konzeptlosen Vorgehensweise einer Behörde hingewiesen:

ORBIT e.V. hatte von der Stadtverwaltung einer deutschen Großstadt den Auftrag erhalten, beim Wiederauffrischen eines eingeschlafenen Prozesses der Lokalen Agenda 21 mitzuwirken. Wie sich sehr schnell herausstellte, gab es keinerlei Konzept für diesen Akt der Wiederbelebung. Als verantwortlicher Projektleiter für das Team von ORBIT drang ich deshalb darauf, gemeinsam mit dem Auftraggeber ein „Wiederbelebungs"-Konzept zu erstellen. Mit Erstaunen erfuhr ich jedoch, dass sich der für diesen Wiederbelebungsakt verantwortliche Verwaltungsbeamte mit Vehemenz meinem Vorschlag widersetzte, ein Konzept für das Vorgehen zu erarbeiten. Entsprechend schleppend und Ziel-los gestaltete sich der Fortgang des Prozesses der Lokalen Agenda in dieser Stadt.

Die Programmatik der Lokalen Agenda 21 geht auf die Klimakonferenz von Rio de Janeiro im Jahre 1992 und auf die Charta von Aalborg 1994 zurück. In dieser Charta heißt es: „Wir Städte und Gemeinden verpflichten uns, den in der Agenda 21 enthaltenen Auftrag zu erfüllen und mit allen gesellschaftlichen Kräften in unseren Kommunen – den Bürgern, Unternehmen, Interessengruppen – bei der Aufstellung von Lokalen Agenden zusammenzuarbeiten ...

Wir werden dafür Sorge tragen, dass alle Bürger und interessierten Gruppen Zugang zu Informationen erhalten und es ihnen möglich ist, an den lokalen Entscheidungsprozessen mitzuwirken." Eine lokale Agenda 21 fußt also auf einer außerordentlich breiten Meinungsbildung.

Die Rolle der Kommunen bei der Erstellung einer Lokalen Agenda 21 kann darin gesehen werden, dass sie mit entscheiden, welche Themen als zukunftsweisend angesehen werden und deshalb in ein dauerhaftes Handlungsprogramm aufgenommen werden sollen.

Bei der Aufstellung des Programms der Lokalen Agenda 21 einer Kommune können bei der Konsensfindung Hürden im Weg stehen, die die Erstellung eines Lokale Agenda-Programms behindern. Der Erfolg der Lokalen Agenda hängt sehr stark von der gelingenden Zusammenarbeit aller drei Gruppierung ab, sowohl von der kommunalen Verwaltung als auch von der Politik und der Bürgerschaft. Dabei spielt das generelle Selbstverständnis der Verwaltung eine entscheidende Rolle: Versteht sie sich als Dienstleister für die Einwohner der Kommune? Oder fühlen sich letztere eher als „lästige Bittsteller"?

Es wird deutlich, dass der Prozess der Erstellung eines Lokale Agenda-Programms ein komplexer Prozess ist, der von allen Seiten (Politik, Verwaltung, Bürger) ein Aufeinander-zugehen erforderlich macht. Wenn die Initiative, wie im oben genannten Fall, von der Verwaltung ausgeht, so hat sie dafür Sorge zu tragen, dass alle ebengenannten Bereiche der örtlichen Gemeinschaft in angemessener Weise beteiligt werden.

Die Väter und Mütter der Charta von Aalborg haben dem Rechnung getragen und ganz spezifische Schritte des Vorgehens für die Ausarbeitung der kommunalen Handlungsprogramme vorgeschlagen, zum Beispiel die Anerkennung der bestehenden Rahmenbedingungen für Planung und Finanzierung, die systematische Bestimmung von Problemen und ihre Ursachen (unter gründlicher Befragung der Öffentlichkeit) und die Dringlichkeitsreihung von Aufgaben zur Behandlung der ermittelten Probleme. Das Ganze ist ein Prozess der Konzept- und der Zielfindung. Im Verwaltungsjargon findet sich dazu heute häufig der Begriff der Leitbildentwicklung.

Die Bedeutung der Zielorientierung für Organisationen kann nicht hoch genug eingeschätzt werden. Sich der Ziele zu vergewissern, die man anstrebt, und sich den Sinn und Zweck der Unternehmung vor Augen zu führen, ist eine andauernde Herausforderung für alle, die eine Einrichtung mit verantworten. Manchmal veranstalten Einrichtungen dazu eine Zukunftskonferenz. In der Tat ist es wichtig, den Prozess des Reflektierens von Sinn und Zweck wach zu halten. Diese Reflexion beinhaltet, dass eine Organisation sich in Gegenwart und Zukunft realistisch und planvoll einrichtet.

Dieses realistische und planvolle Einrichten von Gegenwart und Zukunft kennen wir aus unserem persönlichen Alltag: Jeder von uns ist hier gefordert. Das Reflektieren der Ziele ist aber nicht nur wichtig im Leben eines einzelnen Individuums sondern auch im „Leben" einer Organisation. Es geht darum, das Ziel oder ein Ziel stets vor Augen zu haben und das Handeln danach auszurichten.

Für Organisationsberatung heißt das, dass es nicht ausreicht, geduldig auf den „fruchtbaren Moment im Bildungsprozess" (Copei) zu warten, bzw. auf den Kairos, den günstigen Zeitpunkt. Aufgabe der BeraterInnen ist es vielmehr, aktiv nach Ansatzpunkten zu suchen (natürlich auch „reflektiert" und „realistisch"). Für die BeraterInnen ist es dabei wichtig, auf Umstände, Kontexte und Befindlichkeiten des/der Betroffenen einzugehen. Dies kann natürlich nur in einem gemeinsamen Prozess geschehen, in dem beide, BeraterInnen und die zu Beratenden die gemeinsame Konstruktion und Ko-Evolution eines Beratungszieles im Auge haben.

Es gibt den schönen Satz, Beratung sei dazu da, sich überflüssig zu machen. Auch in diesem Satz steckt (unausgesprochen) die Aussage, dass Beratung stets ein Ziel vor Augen hat: Beratung hat das *Ziel*, sich überflüssig zu machen. Das heißt ja, dass sich alles auf die Hilfe zur Selbsthilfe konzentriert. Das heißt gleichzeitig, dass das Anliegen der ratsuchenden Einrichtung im Zentrum der Bemühungen steht. Damit wird es unabdingbar, sich um Ziele und Konzepte zu kümmern, um die eigenen und um die der Betroffenen.

Ich fasse zusammen: Organisationsberatung ist stets – wie jedes menschliche Handeln generell – zielgerichtet. Diese Zielgerichtetheit ist sozusagen ein konstituierendes Merkmal von Beratung. Im Beratungsprozess verfolgen sowohl die OrganisationsberaterInnen als auch die zu Beratenden ein Ziel. Oder anders gesagt: In der Beratung geht es darum, mit den Kunden bzw. Klienten zusammen Ziele und Pläne zu entwickeln und in die Wege zu leiten. Organisationsberatung wird umso erfolgreicher sein, je besser es im Beratungsprozess gelingt, Ziele und Wege (Methoden) zu klären.

Kapitel 12
Der Mann am Ruder und
seine Philosophie der Führung

LEHRBEISPIEL 5: AUCH EINE SOZIALE EINRICHTUNG
BRAUCHT EINE KLARE ENTSCHEIDUNGSSTRUKTUR

Das Thema „Führung" ist ein Dauerbrenner. Manager lesen dazu Bücher mit Titeln wie „Der Sinn-Macher. Warum mutige Männer besser führen" (Höhler 2002) oder „Führen muss man einfach können. Das ABC der Menschenführung" (Enkelmann 2002). Offenbar besteht ein hoher Bedarf an solcher Literatur und an entsprechenden Trainingskursen für Manager. Welches sind die Hintergründe für die große Nachfrage nach den „richtigen" Konzepten für Führung?

Wirtschaftliche Gründe sind es nicht allein. Natürlich gehört zur Reihe der Führungsaufgaben auch das Einsparen von Kosten (vgl. Wagner 2001).[15] Wenn man sich die entsprechenden Buchtitel anschaut, ahnt man, dass es wohl eher um die Suche nach den geeigneten Methoden der Personalführung geht. Die Kunst der Mitarbeiterführung scheint noch nicht sehr weit entwickelt zu sein. Das ist – aus einem systemischen Blickwinkel betrachtet – auch nicht sonderlich überraschend: Ein Unternehmen – egal, ob nun im Profit- oder Non-Profit-Bereich – besteht aus Menschen, die sich miteinander arrangieren müssen. Einige dieser Personen tragen eine größere Verantwortung; man muss ihnen daher einen größeren Entscheidungsspielraum einräumen und ihnen bestimmte Vollmachten übertragen. Dass die Entscheidungsmacht aufgeteilt wird, bedeutet dann aber auch, dass ein Gefälle zwischen Entscheidungsträgern auf der einen Seite und Entscheidungsempfängern auf der anderen Seite entsteht. Dies führt dann „automatisch" zu einem Spannungspotential.

Solchermaßen strukturell induzierte Spannungen sind natürlich stets Quelle für zwischenmenschliche Konflikte. Man schimpft auf „die da

---

[15] Im Untertitel dieses Buchs über „Unternehmensführung" wird eine ganze Reihe von Aufgaben für Führungskräfte formuliert: „Unternehmen erfolgreich führen. Neue Anforderungen aufzeigen. Prozesse optimieren und Kosten einsparen. Erfolgreiche Personalführung. Gewinnbringende Strategien entwickeln."

oben", die den MitarbeiterInnen an der Basis das Leben schwer machen. Und umgekehrt beklagen sich die Chefs beispielsweise über unzuverlässige und faule MitarbeiterInnen. Es ist daher nicht verwunderlich, dass die Frage nach dem geeigneten Führungsstil so brennend und die Nachfrage nach klugen Konzepten so groß ist.

Im sozialen und pädagogischen Bereich kann es noch zu einer Komplizierung kommen, da die Leitungspersönlichkeiten in diesen Einrichtungen oft von ihren eigenen Führungskompetenzen überzeugt sind. Sie halten sich entweder für eine geborene Führungskraft oder sie sind davon überzeugt, dass sie den „richtigen" Führungsstil haben, der sich – wie könnte es auch anders sein – pädagogisch begründen lässt. Das Konzept des „charismatischen" Leiters erfreut sich großer Beliebtheit, ist aber nicht immer von Vorteil.

Um dies an einem Beispiel zu verdeutlichen, greife ich auf die Erfahrung mit einem großen freien Jugendhilfeträger zurück, der sich an das Organisationsberatungsinstitut Thüringen wandte.

Die Institution dieses Jugendhilfeträgers ist ein wahrer Segen für die Region: in verschiedenen Städten und Landgemeinden des Landkreises ist der Jugendhilfeträger zu einem wichtigen Arbeitgeber geworden mit seinen Werkstätten, Jugendclubs, etc., um die sich dann eine entsprechende Infrastruktur angesiedelt hat.

Der gesamte Betrieb ist als Verein organisiert. Die entscheidende Person ist die des Geschäftsführers, der alles zu lenken gewillt ist; denn er ist der Begründer und Betreiber des Ganzen, ist hochkreativ und sehr rührig, zugleich reichlich „chaotisch".

Dieser Geschäftsführer hat sich eine Steuerungsgruppe zur Seite gestellt, hauptsächlich bestehend aus den Mitarbeitern der Geschäftsstelle, mit denen er zunehmend nicht klar kommt.

Es ist relativ schnell ersichtlich, woran es in dieser Organisation mangelt: Es fehlt an klaren Entscheidungs- und Verwaltungsstrukturen. Einerseits trifft der Geschäftsführer alle möglichen Entscheidungen selbst, andererseits braucht er – da er das Ganze in dieser Größenordnung ja gar nicht mehr verwaltungsmäßig im Blick haben kann – Hilfen bei seinen Entscheidungen; die Delegationsstrukturen erscheinen jedoch in gewisser Weise beliebig.

Die Analyse einer solchen Führungsstruktur ist das eine, das adäquate Einbringen in den Organisationsberatungsprozess das andere: Wie kann man in einem solchen Fall mitteilen, was einem so vor Augen steht und der Veränderung bedarf? Wie kann die „Architektur der Intervention" (Königswieser & Exner 1998) aussehen?

Nun sind Organisationsberater ja niemals gefragt als Besserwisser, ihre Rolle als „Begleiter" verlangt es, dass sie sich – auf der Basis gegenseitigen Vertrauens – mit Fingerspitzengefühl einklinken und den nötigen „Umbau" tunlichst den Macherinnen und Machern der Organisation selbst überlassen.

Ich habe in der Arbeit mit dieser Organisation der Jugendhilfe eines gelernt: geduldig zu sein. Wir begannen mit gemeinsamen Sitzungen mit dem Geschäftsführer und seinen Vertrauten. Es zeigte sich jedoch bald, dass dieses Gremium nicht optimal funktionieren konnte: Es geht nicht, einerseits Entscheidungen zu delegieren und andererseits sie dann immer wieder (willkürlich) an sich zu reißen. Es geht auch nicht, einer Verwaltungseinheit (Geschäftsstelle) weitgehende Entscheidungsbefugnisse zuzusprechen und damit die eigentlichen Führungskräfte der Einrichtung, die Leiter der einzelnen Abteilungen, zu entmachten.

Wir fanden dann einen Weg, mit dieser Organisation zu arbeiten. Der Geschäftsführer stellte nämlich von Anfang an die Frage nach dem Konzept des Ganzen. Dazu musste der Trägerverein mitreden. Es ergaben sich schließlich fruchtbare Sitzungen zur Zielfindung und Konzeptbildung mit ausgewählten Mitgliedern des Vereins und führenden Mitgliedern der Einrichtung.

Die Frage nach der geeigneten Führungsstrategie hängt offenbar auch mit dem Unternehmen und seiner Zielsetzung zusammen. Es reicht nicht, die Frage nach der Führungskompetenz auf Personeigenschaften eines Chefs zu reduzieren. Führungskompetenz ist nicht isoliert zu betrachten. Das verbietet sich schon aus dem Grund, dass Non-Profit-Organisationen komplexe Gebilde sind, die nicht einfach nur auf das Charisma oder auf den „richtigen" Führungsstil einer Führungskraft bauen können. Ob es sich nun um eine öffentliche oder freie Trägerschaft in der Wohlfahrtspflege oder um ein privat-wirtschaftlich geführtes Dienstleistungsunternehmen im sozialen Bereich handelt: Immer finden wir ein komplexe Gebilde vor mit einer entsprechenden Binnenstruktur und einer spezifischen Organisationsdynamik (Brunner 1993). Darüber hinaus steht das soziale oder pädagogische Unternehmen ja in einem je spezifischen Wechselverhältnis zu seiner Systemumgebung. Eine Einrichtung

der freien Wohlfahrtspflege ist in doppelter Weise von seiner Systemumwelt abhängig: Sowohl in Bezug auf die Finanzierung der Einrichtung als auch in Bezug auf die jeweilige Klientel. Alle diese Variablen
zusammen (Organisationsstruktur und -dynamik; System-Umwelt-Be-
züge) erschweren die Führungsaufgaben im oberen und mittleren „sozialen Management". Die Systemkomplexität macht eine kontextbezoge-
ne Entwicklung von Führungskompetenz erforderlich.

Organisationsberatung muss sich also auf die Entwicklung solcher kon-
textbezogener Führungskompetenzen konzentrieren, eine nicht leichte
Aufgabe, wenn die eben aufgeführte Systemkomplexität ernst genommen wird. Es handelt sich dabei um die anspruchsvollsten Aufgaben der
Organisationsberatung.

Eine gängige Unterscheidung benennt drei Kompetenzen für Führungskräfte in Non-Profit-Einrichtungen und in der kommunalen Verwaltung:
die strategische Kompetenz, die operative Kompetenz und die soziale
Kompetenz. OrganisationsberaterInnen können Führungskräfte bei der
Verbesserung dieser Kompetenzen unterstützen.

Die *strategische Kompetenz* zeichnet sich aus durch die Fähigkeit zur
Entwicklung von Zielvorstellungen und zur Ermittlung von Entwick-
lungspotentialen. Die Führungskraft soll darüber hinaus Konzepte zur
Umsetzung strategischer Entscheidungen erarbeiten können. Wichtig ist
zum Beispiel das Aushandeln von Zielvorstellungen und Konzepten mit
den betroffenen Bereichen (Abteilungen, Referate oder Sachgebiete).

Die *operative Kompetenz* bezieht sich auf die Entscheidungsfreudigkeit
und die Entscheidungskonsistenz von Führungskräften. Bei den Entscheidungen soll „eine Linie" erkennbar und nachvollziehbar sein. Operative Kompetenz schließt aber auch Entscheidungstransparenz ein. Das
heißt, die Gründe, die zu einer Entscheidung geführt haben, werden of-
fengelegt.

Darüber hinaus gehört die Schaffung einer guten Kommunikation bzw.
eines guten Betriebsklimas im jeweiligen Verantwortungsbereich zur
operativen Kompetenz.

Dazu rechnen die folgenden zentralen Aufgaben der Führungskräfte:

• Informationen weiterleiten,

• Informationswege optimieren und

• Abstimmungsprozesse vorteilhaft lenken.

Führungskräfte sollten verhindern, dass MitarbeiterInnen isoliert an Problemen arbeiten, und Führungskräfte sollten den MitarbeiterInnen Möglichkeiten der Vernetzung und Kooperation aufzeigen.

Die *soziale Kompetenz* äußert sich darin, dass sich Führungskräfte als Vorbilder bewähren: Verhalten, das sie von den MitarbeiterInnen fordern, sollten sie selbst vorleben (zum Beispiel in der Teamarbeit oder in der Kundenorientierung).

Zur sozialen Kompetenz gehört weiterhin, dass Führungskräfte dazu in der Lage sind, ihren MitarbeiterInnen zutreffende Rückmeldungen zu geben (zum Beispiel zur Qualität der Arbeit). Dies schließt die Fähigkeit zu konstruktiver Kritik ein, die die Wertschätzung der betreffenden Person bzw. des betreffenden Teams widerspiegelt.

Und last but not least: Führungskräfte sollten ihren MitarbeiterInnen einen Vertrauensvorschuss entgegenbringen. Misstrauen schafft die Gefahr der Frustration und Resignation.

Kapitel 13
Wie sag' ich's meiner Organisation?

LEHRBEISPIEL 6: DIE QUALITÄT EINER ORGANISATION BEMISST
SICH AN DER GÜTE IHRER KOMMUNIKATION

Man hat herausgefunden, dass die Lernerfolge in der betrieblichen Weiterbildung dann am größten sind, wenn Projektarbeit auf dem Lehrplan steht, wenn neben fachlichem Wissen auch fachübergreifendes Wissen vermittelt wird, wenn die Themen „Arbeitsplan" und „Zeitmanagement" behandelt werden, wenn Teamverhalten eingeübt wird, wenn – bei Mitarbeitern in den Führungsebenen – Führungsverhalten reflektiert und trainiert wird *und wenn die kommunikativen Kompetenzen der MitarbeiterInnen geschult werden.*

Die Qualität des Unternehmens hängt in hohem Maße von der zuletzt genannten Kompetenz der Mitarbeiterinnen und Mitarbeiter ab. Wenn es sich um pädagogische oder soziale Einrichtungen handelt, gilt dies in doppelter Weise: Die Kommunikation ist dort das Medium par excellence für die pädagogische und/oder soziale Arbeit; das heißt, die Tätigkeit von Pädagogen und Sozialpädagogen wird umso erfolgreicher sein, je besser die Fachleute auf ihre Klientel eingehen können und mit ihr umgehen können.

Die Kommunikation der MitarbeiterInnen untereinander ist ebenso wichtig. Dem Informationsfluss innerhalb der Einrichtung kommt eine Schlüsselstellung zu. Was ist damit gemeint? Weshalb ist die innerbetriebliche Kommunikation von so großer Bedeutung?

Um diese Fragen zu beantworten, könnte ich das, was ich in Kapitel 6 zur Theorie der Selbstorganisation ausgeführt habe, in Erinnerung rufen: Ein komplexes System von Elementen und Komponenten, die sich vielfach aufeinander beziehen (und von da her eben auch „miteinander kommunizieren"), ist Ausgangspunkt für den synergetischen Prozess. Zu diesen Elementen und Komponenten gehören dabei auch die verbal und nonverbal vermittelten Informationseinheiten im sozialen System.

In diesem Kapitel gehe ich aber einen anderen Weg und verweise auf praktische Erfordernisse in Organisationen. Ich beginne mit einem einfachen Beispiel, das zugleich an die Ausführungen im letzten Kapitel anschließt:

Eine innerbetriebliche Runde hat sich versammelt und es geht um die Besprechung gemeinsamer Aktionen.

Handelt es sich um eine sehr kleine Runde, bestehend vielleicht aus drei bis sechs Personen, so kann u.U. ein routiniertes Gruppengespräch „naturwüchsig" ablaufen, das heißt ohne verbindliche Gesprächsregeln und ohne einen Gesprächsleiter. Das ändert sich sehr schnell, wenn die Gruppengröße ein gewisses Maß erreicht hat: Besteht die Besprechungsrunde aus zehn oder mehr Mitgliedern, so wird der gegenseitige Austausch u.U. durch einige mögliche „Schieflagen" eingeschränkt: Es gibt die bekannten „Vielredner" und die „schweigende Mehrheit"; je größer der Kreis ist, umso weniger Leute können sich zu Wort melden; wenn es nur wenige sind, die sich in einer größeren Runde ins Gespräch einbringen, besteht die Gefahr, dass die gemeinsamen Beschlüsse nicht von allen in gleicher Weise getragen werden und vielleicht von einigen unterlaufen werden; etc. pp.

Die Situation einer solchen Besprechungsrunde führt uns vor Augen, wie wichtig es ist, für *alle Beteiligten an einer Runde* die Möglichkeit zu schaffen, dass sie sich potenziell mit allen beteiligten GesprächspartnerInnen auszutauschen können. Wenn sich nicht jedes Mitglied der Runde in (potenziell) gleicher Weise einbringen kann, kann es zu Verzerrungen des Ergebnisses kommen; die Arbeitsfähigkeit der Organisation kann dadurch erheblich eingeschränkt sein (fehlender Konsens; fehlendes Feedback; etc.).

Um diese Fehlentwicklungen auszuschließen, ist die Einführung dezidierter Gesprächsregeln indiziert. Hilfreich kann es zum Beispiel sein, die Versammlung von einer Moderatorin oder einem Moderator leiten zu lassen. An eine erfolgreiche Moderation sind allerdings einige Anforderungen zu stellen. Es reicht nicht aus, wenn die Moderatorin/der Moderator Wortmeldungen entgegennimmt und der Rednerliste entsprechend dann das Wort erteilt. Moderation ist weit mehr. ModeratorInnen sind GesprächsleiterInnen, die mit der Führung einer Gesprächsrunde betraut werden, um einen möglichst breiten Konsens als Gesprächsergebnis zu erzielen.

Ziele der Moderation sind:

- Die geplanten Gesprächsziele tatsächlich zu erreichen,

- alle GesprächsteilnehmerInnen zu Wort kommen zu lassen und

- unterschwellig Konflikte zu Tage zu fördern, um sie konstruktiv zu lösen.

Um diese Ziele zu erreichen, muss die Moderatorin/der Moderator eine Sitzung zeitlich und inhaltlich strukturieren und auf die Einhaltung der Gesprächsregeln achten. Die Moderatorin/der Moderator wird dazu mit „Macht" ausgestattet. In der Moderation beschränkt sie/er sich nicht darauf, Wortbeiträge zu sammeln. Im Gegenteil: Der Moderator hat Macht. Er zeigt sie zwar nicht, aber er nutzt sie, wie Anja Gottwald es einmal formuliert hat.

Betrachten wir die Funktion der Moderation, so wird deutlich, dass Moderation nur gelingt, wenn *mehrere Prinzipien der Kommunikation* beherzigt werden. Um sie noch einmal summarisch zusammenzustellen: Gelingende Moderation fußt auf folgenden Prinzipien der Kommunikation:

- Freiwilligkeit,

- Partizipation,

- Konsens-Findung,

- Informationsfluss,

- Netzwerk-Gedanke.

Es braucht nicht betont zu werden, dass diese Prinzipien nicht nur in einer Gesprächsrunde gelten; die Prinzipien lassen sich genau so gut für alle anderen „Geschäftsabläufe" fruchtbar machen.

Darüber hinaus bedarf es in jeder Organisation einer funktionierenden Kommunikationsstruktur. Erreichen alle Informationen der Geschäftsleitung die MitarbeiterInnen an der Basis? Gibt es Rückmeldestrukturen von der Ebene der einzelnen MitarbeiterInnen zur Managementebene? Und wie ist es um die Querverbindungen zwischen den einzelnen Abteilungen bestellt?

Organisationsberatung wird ein wachsames Auge auf die in einer Einrichtung ablaufenden Kommunikationen werfen und sich ganz genau die Struktur der Informationsflüsse anschauen. Die Qualität einer Organisation bemisst sich an der Qualität ihrer Informationsflüsse.

Auch die beste Organisationsstruktur nützt nichts, wenn die Kommunikation zwischen den einzelnen Abteilungen und den Mitarbeiterinnen und Mitarbeitern nicht funktioniert. Mit der Entwicklung und Pflege geeigneter Kommunikationswege und -techniken steht und fällt jede pädagogische und soziale Einrichtung.

Dies ist zu einem großen Teil eine Frage der Qualitätssicherung in einer Einrichtung (vgl. die folgenden Buchkapitel). Das Programm der Qualitätssicherung hat – neben anderen Schwerpunkten – auch die innerbetriebliche Kommunikation im Auge. Wie werden beispielsweise Informationen weitergegeben? Wie werden Vereinbarungen getroffen und wie wird garantiert, dass Vereinbarungen eingehalten werden?

Ein solches Qualitätssicherungsprogramm kann ganz verschieden aussehen, so zum Beispiel in Form einer Zertifizierung nach den Normen DIN EN ISO 9000 ff. erfolgen. Ein Qualitätssicherungsprogramm kann aber auch die Form eines Qualitätsmanagementsystems erhalten, das sich zum Beispiel auf die Qualität des Informationsflusses konzentriert. In meinem abschließenden Lehrbeispiel gehe ich auf den Prozess der Schaffung eines solchen Qualitätsmanagementsystems ein.

Ort der Handlung ist eine staatliche Einrichtung. ORBIT e.V., das Organisationsberatungsinstitut Thüringen, erhält den Auftrag, die Entwicklung eines Qualitätsmanagementsystems in einem Teilbereich dieser Behörde zu begleiten. Es geht vorrangig um die Schaffung geeigneter Kommunikations- und Informationswege und um die Verbesserung der innerbetrieblichen Kommunikation.

Die ersten Kontakte von ORBIT mit den betroffenen MitarbeiterInnen offenbaren nicht nur ein gewisses Chaos, was die Kommunikation und Information betrifft, sondern auch ein Negativ-Image bei den Betroffenen. Es handelt sich um PädagogInnen, die im Auftrag der Schulverwaltung eine Sonderaufgabe übernommen haben. Die PädagogInnen arbeiten hauptamtlich an vielen einzelnen Schulen und treffen sich regelmäßig zur Koordinierung ihrer Sonderaufgabe.

So nebenher eine Sonderaufgabe zu übernehmen, ist nicht selbstverständlich und verdient Respekt! Der gute Wille der PädagogInnen ist sehr anerkennenswert und der Leiter dieser Sondermission trägt in bewundernswerter Weise und mit Geschick zur Integration dieser Arbeitsgruppe bei. Die Tatsache aber, dass diese PädagogInnen verstreut arbeiten und sich mühselig koordinieren müssen, erschwert naturgemäß die Realisierung der Arbeitsziele.

Es würde zu weit führen, hier nun den Organisationsberatungsprozess ausführlich zu schildern, den ORBIT mit dem Kreis der PädagogInnen begann. Die ersten Schritte waren mühsam, aber sehr Erfolg verspre-

chend. Nach einiger Zeit fasste der Leiter in einem Zwischen-Resümee die Erfolgsbilanz so zusammen:

* Die Sitzungen werden von den Pädagoginnen und Pädagogen geleitet.
* Die Protokolle liegen rechtzeitig vor.
* Themen werden rechtzeitig festgelegt.
* Die Tagesordnung wird eingehalten oder angemessen verändert.
* Themen/Mitteilungen werden zunehmend weniger zerredet.
* Schwerpunktthemen werden über längere Zeiträume geplant und verfolgt.
* Einzelne Pädagoginnen und Pädagogen übernehmen weitreichende Verantwortung (Leitung von Projekten).
* Einzelne Pädagoginnen und Pädagogen werden auf politischer Ebene aktiv.
* Angeforderte Arbeiten werden selbstverantwortlich ausgeführt, ausreichende Absprachen eingeplant, Termine eingehalten.

Inzwischen funktionieren auch die innerbetrieblichen Informationsflüsse erheblich besser, wobei die Möglichkeit der Informationsweitergabe über E-Mails weidlich genutzt wird.

Neben den klaren Strukturen im Aufbau der Organisation, neben der Notwendigkeit einer klaren Machtstruktur (Wer hat wo wann was zu sagen?), besteht – wie wir an den Zwischenergebnissen dieses Prozesses zum Qualitätsmanagement ersehen – die Notwendigkeit einer hochtransparenten Kommunikationsstruktur, die ein effektives Feedbacksystem einschließt, und die Notwendigkeit einer Vertrauensbasis in der gemeinsamen Arbeit und für die gemeinsame Arbeit. Diese Forderungen durchziehen wie ein roter Faden die Ausführungen in diesem Buch. Die Qualität in der sozialen und in der pädagogischen Arbeit ruht auf diesen Säulen.

III

Die Bedeutung von Evaluation und Qualitätssicherung in der Organisationsberatung

Kapitel 14
Qualität – wozu?

In einem Journal war vor einigen Jahren zu lesen: „Wir müssen uns entscheiden. Wenn wir unsere Wirtschaft nicht radikal umbauen, so dass wir Umwelt und Rohstoffe maximal schonen, wird uns die Konkurrenz aus Billiglohnländern bald aus dem Markt fegen. Auch Korea kann billig und – wo nötig – chic produzieren. Ein Hemd made in Germany, das keinen Ausschlag verursacht, ist dagegen einfach ein besseres Hemd."[16]
Qualität, Kundenorientierung, Flexibilität, Effizienz: Diese Schlagworte zeigen deutlich, in welchen Umstrukturierungsprozessen sich Unternehmen gegenwärtig befinden. In der Terminologie der Wirtschaftswissenschaftler gesprochen: Es gilt, Rationalisierungsinstrumentarien, Erfolgspotentiale und strategische Perspektiven für das Bestehen auf den Märkten der Zukunft zu entwickeln und damit die Zukunft der Märkte mit zu gestalten.
Die Tendenz, globale Wettbewerbsvorteile (möglichst auf innovativen Märkten) zu erringen, geht mit der Erkenntnis einher, dass die technischen und strukturellen Änderungen nur gelingen können, wenn der Faktor „Humankapital" genügend beachtet wird. Unternehmer haben erkannt, dass es nicht ausreicht, perfekte strukturelle und organisatorische Veränderungen anzugehen. Es muss zugleich gelingen, das Ziel, die Techniken und die Motivation aller Mitarbeiter auf allen Ebenen entsprechend zu prägen. Mit der Beachtung des Faktors „Mensch" ist damit eine „ganzheitliche Qualifizierung" gefordert, steht Aus- und Weiterbildung vor schwierigen Aufgaben, die zugleich aber auch die große Chance bereithält, „Lernen durch Herausforderung" zum erfolgreichen Kernelement eines modernen Bildungsmanagements zu machen.
PädagogInnen stehen damit vor neuen Aufgaben. Es geht um die Vermittlung neuer Schlüsselkompetenzen. Das „Lernen durch Herausforderung" muss in adäquater Weise begleitet werden, indem beispielsweise die Selbstbildungspotentiale der Mitarbeiterinnen und Mitarbeiter in den Unternehmen und in den sozialen und pädagogischen Einrichtungen ge-

---

[16] In: DER SPIEGEL, 8/1996, S. 57

fördert werden. Berufliche und allgemeine Bildung stehen vor der Aufgabe einer Neuorientierung. Diese Neuorientierung betrifft die persönliche Entwicklung der Mitarbeiterinnen und Mitarbeiter ebenso wie die Unternehmensentwicklung. Organisationsberatung wird so zu einer Aufgabe von PädagogInnen insofern, als auf den verschiedensten Ebenen des Managements Transformationsprozesse implementiert und begleitet werden müssen.

Betriebe werden so zu „Lernorten". Das Lernen von einzelnen Personen und Gruppierungen des Managements kann nicht mehr als innerbetriebliche Maßnahme allein erfolgen. Spezielle Einrichtungen der Erwachsenenbildung und das Einbeziehen von Organisationsberatung sind mehr denn je gefragt. Die Wirtschaft stellt ganz bestimmte Anforderungen an die Pädagogik. Die externen Bildungsfachleute und BeraterInnen müssen hoch qualifizierte Arbeit leisten. Die Sicherung von Qualität in der betrieblichen Weiterbildung wird damit zu einer vorrangigen pädagogischen Aufgabe.

Was ich in den letzten Abschnitten über Wirtschaftsunternehmen gesagt habe, gilt mutatis mutandis auch für alle Non-Profit-Unternehmen. Die Verknappungen in den öffentlichen Haushalten zwingen auch in diesen Einrichtungen zu Umdenkungs- und Umstrukturierungsprozessen. Soziale Einrichtungen sind von erheblichen Kürzungsmaßnahmen betroffen, die eine Neuorientierung erforderlich machen. Diese Neuorientierung bedarf der sachkundigen und qualifizierten pädagogischen Begleitung.

Eine solche sachkundige und qualifizierte pädagogische Begleitung muss sich mit der Elle der Qualitätssicherung messen lassen. Das bedeutet: Die Bildungsangebote aus der betrieblichen Pädagogik und Erwachsenenbildung müssen Effektivitätsuntersuchungen standhalten können (Maelicke 1997). Und: Sollte im Rahmen der Begleitung von Innovationsprozessen Organisationsberatung in Anspruch genommen werden, so muss sie sich auch selbst als qualifiziert erweisen, mithin eigenen Qualitätsprüfungen standhalten.

Wenn sich Weiterbildungseinrichtungen und die Organisationsberatungsinstitutionen selbst einer Qualitätsprüfung unterziehen lassen, liegt es nahe, dabei die in der Industrie entwickelten DIN-Bestimmungen, die inzwischen in europäischer (EN) und internationaler Form (ISO) vorliegen, in Anwendung zu bringen (vgl. dazu ausführlicher Kapitel 16). An ein solches „Qualitätssiegel beruflicher Weiterbildung" knüpfen sich dann natürlich berechtigte Erwartungen. Das Zertifikat soll ja etwas über die Qualität der Strukturen und Prozesse der „zertifizierten" Einrichtungen aussagen.

Das oben genannte „Lernen durch Herausforderung" kann – wie schon betont worden ist – nur durch ganzheitliches Lernen gelingen. Helmut Lung (1995) postuliert in seiner Monographie über Qualitäts-Kompetenz, dass eine solche ganzheitliche Vorgehensweise Voraussetzung für einen Lernerfolg ist. Aus einer systemischen Betrachtungsweise heraus wird gezeigt, wie die einzelnen Bestandteile des persönlichen Handelns und Erlebens vernetzt sind. Wer zum Beispiel MitarbeiterInnen autoritär führt, wird keine qualitative Teamarbeit fördern; wer nur Slogans propagiert und nicht persönlich vorlebt, wird nur Mitläufer und Mitläuferinnen provozieren und keine MitdenkerInnen; wer eigenverantwortlich denkende und handelnde Mitarbeiterinnen und Mitarbeiter will, muss auch bereit sein, Risiken mitzutragen; wer Mitarbeiterinnen und Mitarbeiter kritisiert, muss auch selbst Kritik annehmen können.

Wer also Qualitäts-Kompetenzen in Non-Profit-Organisationen und in der pädagogischen Organisationsberatung entwickeln will, tut gut daran, diese systemischen Vernetzungen aufzugreifen und ernst zu nehmen; erst dann ist es möglich, einen hohen Qualitätsanspruch in die Tat umsetzen zu können.

Nun ist freilich eine ganz andere Debatte entbrannt, in der es ganz generell um die Frage nach dem Sinn und Unsinn von Qualitätssicherungsmaßnahmen und von Evaluationen in den pädagogischen und sozialen Handlungsfeldern geht. Die schärfsten Gegner von Qualitätssicherung und Evaluation in diesen Bereichen warnen davor, die Qualität pädagogischer und sozialer Arbeit auf irgendwelche statistische Kennwerte zu reduzieren; das vertrage sich nicht mit dem Ethos der Pädagogik und der Sozialarbeit/Sozialpädagogik und führe in der Konsequenz zu einer Über-Reglementierung und zu einer Ausbeutung, die den ohnehin von finanziellen Sorgen gebeutelten Bereichen noch den Rest geben.

Sicherlich mag es gerade in Zeiten knapper Kassen bei einigen Verwaltungschefs den Versuch geben, auch die Methoden der Qualitätssicherung für ihre Pläne zu finanziellen Kürzungen zu instrumentalisieren. Ich habe dies als „Entgleisungen" bezeichnet und habe auch vor dem Missbrauch gewarnt: Bei aller Euphorie über die Entwicklung hin zu mehr Qualitätsstandards in sozialen und pädagogischen Handlungsfeldern müsse man auch darauf achten, ob sich nicht hinter der Maske einer scheinheilig zur Schau getragenen Verbesserungswut auch das wahre

Gesicht falscher Propheten verbergen könne, die zwar das Wort von der Innovation im Munde führen würden, aber in Wirklichkeit Kürzungen im Auge hätten (Brunner 1998, S. 8).

Sieht man einmal von solch einem eklatanten Missbrauch ab, so ist die Entwicklung hin zur Qualitätssicherung und Evaluation pädagogischer und sozialer Arbeit meines Erachtens Ausdruck einer ausgeprägten Entwicklung hin zu mehr Professionalität (ebd., S. 10). Hierbei kann ein Außenaspekt und ein Binnenaspekt unterschieden werden.

Wenn sich pädagogische und soziale Einrichtungen zertifizieren lassen oder ein Qualitätsmanagementsystem bei sich implementieren, so demonstrieren sie nach außen, dass sie gute Arbeit leisten. Dieser Aspekt ist nicht zu unterschätzen, gibt es doch in der Öffentlichkeit und in den Verwaltungen oftmals haarsträubende Vorurteile über die pädagogische und soziale Arbeit.

Der Binnenaspekt erscheint mir ungleich wichtiger, wie ich in Kapitel 16 aufzeigen möchte: Wer sich einem Programm der Qualitätssicherung oder einer Evaluation unterzieht, gewinnt auch mehr Vertrauen in die eigene Arbeit, sieht selbst, was er alles tut und wie viel er tut. Kritik kann als Herausforderung begriffen werden, auch Veränderungen in Angriff zu nehmen. Umwege oder Holzwege kann man meiden lernen. Eine Rationalisierung kann auch ein Gewinn sein.

Damit diese positiven Konnotationen wirksam werden, müssen allerdings einige Kautelen mitbedacht werden: Qualitätssicherungsmaßnahmen lassen sich nicht diktieren; sie müssen in Kooperation mit der Basis erarbeitet werden. Qualitätssicherungsmaßnahmen müssen maßvoll sein, sie dürfen nicht dazu führen, dass die knappen Ressourcen Zeit und Energie unnötig verbraucht werden.

Meines Erachtens lohnt es sich, die Chancen, die sich durch den Blick auf Qualität eröffnen, zu ergreifen. Aus eigener Erfahrung weiß ich, dass eine Zertifizierung einiges an Mühe und Arbeit kostet, dass sich diese Mühe und Arbeit aber auch lohnt. Mit dem Organisationsberatungsinstitut Thüringen, mit ORBIT e.V., von dem schon mehrfach die Rede war, habe ich bereits zweimal einen Zertifizierungsprozess durchlaufen: 1999 wurde ORBIT e.V. zertifiziert nach DIN EN ISO 9002; statt eines Wiederholungsaudits ergriffen wir die Möglichkeit, uns nach den für den Dienstleistungsbereich revidierten Normen zertifizieren zu lassen, und sind seit dem Jahre 2001 zertifiziert nach der neuen Norm DIN EN ISO 9001:2000.

Das Bewusstsein von Qualität in unserer Arbeit haben wir in unserer „Philosophie" verankert. Unsere Philosophie lautet:

> „Wir begreifen uns als Dienstleistungsunternehmen, in dem Kundenzufriedenheit und Qualität bei der Bearbeitung der Aufträge im Mittelpunkt stehen. Unser Anspruch richtet sich im Rahmen eines ganzheitlichen Qualitätsverständnisses auf die Struktur-, Prozess- und Ergebnisqualität. An unsere fachliche Kompetenz stellen wir höchste Ansprüche. Die ständige Überprüfung unserer Arbeitsabläufe ist Teil unserer internen Qualitätspolitik."

Kapitel 15
Qualität, Effektivität, Effizienz, Evaluation: Eine Begriffsklärung

Mein erstes Aha-Erlebnis zur Frage der Zertifizierung nach den berühmten ISO-Normen hatte ich auf einem Kongress: Es war die Kompetenz '97, eine große Messe der Zertifizierer im Weiterbildungsbereich, die 1997 in Stuttgart stattfand. Für mich eröffnete sich eine ganz neue Welt. Die Weiterbildner, weitgehend in privaten Unternehmen tätig, schienen sich geradezu nach dem Gütesiegel zu drängen. Wie anders sollte ich die Tatsache interpretieren, dass zu dieser Zeit von den 90 Zertifizierungsunternehmen in der Bundesrepublik sich immerhin 20 auf den Bildungsbereich spezialisiert hatten.

Meine größte Überraschung aber bezog sich auf folgendes: Ich hatte bis dato geglaubt, eine Zertifizierung im Weiterbildungsbereich bezöge sich vor allem darauf, wie gut bestimmte Inhalte in der zu zertifizierenden Bildungsinstitution vermittelt würden. Ich erfuhr, dass die Qualität eines Weiterbildungsunternehmens nicht an den didaktischen Qualitäten der Weitergabe von Wissen gemessen wird, sondern an vielen einzelnen formalen Dingen, angefangen von den verwendeten Folien beim Unterricht bis hin zu überzeugenden Formen der Leistungsrückmeldung. Die Unterscheidung von Struktur-, Prozess- und Ergebnisqualität leuchtete mir schnell ein. Meine Idee, den von mir initiierten Aufbaustudiengang „Pädagogische Organisationsberatung" an der Universität Jena einem solchen Zertifizierungsprozess zu unterwerfen, nahm hier seinen Anfang. Ich begann, mich mit dem Qualitätsbegriff theoretisch auseinander zu setzen. Erste theoretische Überlegungen begannen mit einer Begriffsexegese: Was ist unter dem Begriff „Qualität" zu verstehen, was ist gemeint mit „Effektivität" und mit „Effizienz"? Was schließlich bedeutet der Terminus „Evaluation"?

Qualität. Der lateinische Begriff „qualitas" bezog sich ursprünglich einfach auf die wie immer geartete „Beschaffenheit" oder „Eigenschaft" einer Sache. Heute meinen wir natürlich damit die „gute" Beschaffenheit, bzw. die „gute" Eigenschaft. Im industriellen Bereich liegt es in der Tat nahe, bei einem gefertigten Produkt nach der „guten Eigenschaft" zu fragen: der Kunde sucht ja nach einem Produkt von „guter Beschaffenheit". Die Schaffung von DIN-Normen war da ein probates Mittel, eine Vergleichbarkeit von Produkten nach „Qualität" zu garantieren. Lassen sich solche Kategorien auch im Dienstleistungssektor festlegen?

Wie kann man überhaupt die „Effektivität" oder die „Effizienz" pädagogischer oder sozialer Arbeit messend erfassen? Von einer Zertifizierung verspricht sich ein Unternehmen eine Einschätzung und Beurteilung der Güte seiner Produkte bzw. eine Beurteilung der Qualität der ablaufenden Prozesse. Eine Zertifizierung dient also der Vergewisserung guter Arbeit und guter Leistung: der lateinische Begriff „certus" bedeutet „sicher", „gewiss", und macht das Moment der Vergewisserung im Begriff „Zertifizierung" besonders deutlich.

Bei der sozialen und/oder pädagogischen Arbeit denken wir insbesondere an die Vergewisserung der Effektivität dieser Arbeit. Wir stellen beispielsweise die Frage: Wie effektiv war/ist eine Betreuung oder Beratung?

Was aber heißt „Effektivität"? Meinen wir damit vielleicht nicht doch eher „Effizienz"?

Effektivität. Im Zusammenhang mit Qualitätssicherungsfragen nur von Effektivität (Wirksamkeit) zu reden, erweist sich oft als nicht ausreichend: Was wirksam ist, muss nicht gleichzeitig Qualität besitzen. Placebos in der medizinischen Behandlung zeigen offenbar immer wieder Wirkung, obwohl sie von ihrer Substanz her gar nicht dazu in der Lage sind, Wirkungen zu erzielen. „Effektiv" hat eine schillernde Wortbedeutung: Welche Konnotationen das Wort „Effekt" hervorruft, kann man sich leicht an den Begriffen „Überraschungseffekt" oder „Effekthascherei" vergegenwärtigen. Im Bereich der sozialen und pädagogischen Arbeit sollte man mit dem Begriff „Effektivität" eher vorsichtig umgehen und stattdessen von „Effizienz" sprechen.

Effizienz. Wenn etwas effektiv ist, ist es ganz einfach „wirksam". Effekte sind bezweckte oder auch nicht bezweckte Wirkungen, hervorgerufen durch irgendeine Verursachung. Was aber effektiv ist, muss – wie eben schon angedeutet – noch lange nicht effizient sein. Effizienz meint nicht nur „Wirksamkeit", sondern auch „Leistungsfähigkeit" und/oder „Wirtschaftlichkeit".

Nehmen wir als Beispiel den Begriff „Effizienz" in der Informatik: Dort ist Effizienz ein Hauptqualitätsmerkmal (nach DIN 66 272) für die Beurteilung von Softwareprodukten. Eine Software ist demnach umso effizienter, je adäquater sie mit Zeit umgeht (Antwortzeit; Laufzeit) und je weniger Ressourcen sie bei den Systemvoraussetzungen (Hardware; Betriebssystem) benötigt.

Wenn von Qualitätssicherung die Rede ist, wenn Gütemaßstäbe an ein Produkt oder an eine Dienstleistung gelegt werden, ist eher von Effizienz die Rede, weniger von Effektivität. Die Produktion/Dienstleistung soll nicht nur „effektiv" (das heißt lohnend und ergiebig) sein, sondern auch leistungsstark und wirtschaftlich, eben effizient.

Das ist es, was zum Beispiel Weiterbildung so interessant für den Arbeitgeber macht: seine Arbeitnehmer sollen an Fortbildungen teilnehmen, um ihre Leistungen zu steigern. Weiterbildung soll zu effizientem bzw. effizienterem Arbeiten führen.

Dies setzt freilich qualifizierte Weiterbildung voraus. In der betrieblichen Weiterbildung sind die Lernerfolge dann am größten, wenn Projektarbeit auf dem Lehrplan steht, wenn neben fachlichem Wissen auch fachübergreifendes Wissen vermittelt wird, wenn die Themen „Arbeitsplan" und „Zeitmanagement" behandelt werden, wenn Teamverhalten eingeübt und die Kommunikation geschult wird und wenn – bei Mitarbeitern in den Führungsebenen – Führungsverhalten reflektiert und trainiert wird. (Ich habe in Kapitel 13 bereits auf diese Forschungsergebnisse hingewiesen.)

Wenn also ein Chef seine MitarbeiterInnen zur Weiterbildung schickt oder wenn diese selbst Weiterbildung wollen, so steht die Frage nach der Qualität der Angebote ganz oben. Was Wunder, dass das Qualitätssiegel für die Weiterbildungseinrichtungen eine so große Bedeutung erhalten hat.

Evaluation. Auch der Begriff „Evaluation" ist dabei, ein Modewort zu werden. Was verbirgt sich hinter diesem Terminus technicus?

In dem Wort „Evaluation" steckt der Begriff des „Werts": etwas wird bei einer Evaluation *bewertet*. Schon länger ist dieser Ausdruck in der wissenschaftlichen Fachsprache geläufig und wird immer dann angewandt, wenn irgendeine pädagogische oder sozialarbeiterische Maßnahme hinsichtlich ihrer Eignung bewertet und eingeschätzt werden soll. Besonders bei Modellversuchen hat es sich schon längere Zeit eingebürgert, „Evaluation" quasi als Synonym für „wissenschaftliche Begleitung" zu verwenden. Evaluation ist also nichts anderes als eine systematische Effizienz- und Erfolgskontrolle, die im psycho-sozialen Bereich vor allem bei Modellversuchen zur Anwendung kommt. Im Zeitalter der Rationalisierung kann auch bei überkommenen Einrichtungen der Ruf nach einer Evaluation laut werden. Bisweilen werden auch alterwürdige Institutionen wie Schulen und Hochschulen vom Evaluationsfieber gepackt. (Es kann sehr sinnvoll sein, in Schulen und Hochschulen zu evaluieren; erforderlich sind hierfür freilich ein gründliches Nachdenken und prägnante Vor-Analysen!)

Evaluation gehört in einigen sozialwissenschaftlichen Fächern schon länger zum wissenschaftlichen Standard. Es hat sich auch eine eigene Wissenschaft des Evaluierens etabliert, insbesondere in der Psychologie. Kein anderes sozialwissenschaftliches Fach unternimmt so viele Probeläufe, bevor sich eine Untersuchungs- oder eine Interventionsmethode als haltbar und vertretbar erweist. Oft geht der Weg auch andersherum: Dann wird nicht etwas in die Praxis eingeführt, was von Wissenschaftlern erprobt worden ist; vielmehr soll, was sich in der Praxis bewährt hat, wissenschaftlich überprüft werden und gewissermaßen ein wissenschaftliches Gütesiegel erhalten. Evaluation wird dann nach den Regeln der psychologischen Methodenlehre durchgeführt.

Nun leuchtet es aber vermutlich sehr schnell ein, dass es einen Unterschied macht, ob es bloß darum geht, eine spezifische psychologische Vorgehensweise auf ihre Effekte hin zu testen oder ob in einem umfassenderen Sinne eine Jugendhilfemaßnahme einer Effizienzüberprüfung unterzogen werden soll. (Dies könnten ja etwa die zuständigen Kommunalpolitiker – aus welchen Gründen auch immer – fordern.)

Der psychologische „Test" ist überschaubarer; die ForscherInnen haben die verschiedenen Faktoren, die bei einer Interventionsform möglicherweise wirksam sind, vor Augen und versuchen mit Hilfe bestimmter Methoden, den Einflussbereich dieser Faktoren abzuschätzen (oder – wie sie zu sagen pflegen – zu „kontrollieren"). Befinden wir uns jedoch im sozialpädagogischen Feld, so stellt sich heraus, dass die einzelnen Variablen nicht so einfach isoliert werden können und dass wegen der Komplexität des Untersuchungsgegenstands (und weil eine sozialpädagogische Maßnahme mit vielen Faktoren der Alltagswelt verflochten ist) kaum ein solch strenge methodische „Kontrolle" möglich ist.

Wie kann eine Evaluation in diesem Feld dann aussehen? Auch für das Vorgehen in einem solch komplexen Feld von miteinander verwobenen möglichen Verursachergrößen stellt die wissenschaftliche Psychologie Vorbilder bereit. Zum Beispiel die Psychotherapieforschung mit ihren Wirksamkeitsuntersuchungen. Atkinson et al. (2001, S. 577 ff.) stellen fest, dass es sehr schwierig ist, die Wirksamkeit der verschiedenen Therapieverfahren zu beurteilen. Das Wesen der wissenschaftlichen Evaluation (der Lehre von der Bewertung der Effizienz) verdeutliche ich im Folgenden an der von Atkinson et al. (ebd.) diskutierten Frage, wie gut ein bestimmtes Therapieprogramm für Alkoholiker ist. Die Autoren greifen als Beispiel das Programm der „Anonymen Alkoholiker" heraus (zur näheren Information vgl. die Internetseite www.anonyme-alkoholiker.de).

Ist die Arbeit der Anonymen Alkoholiker (AA) eine wirksame Intervention bei Alkoholmissbrauch? (Atkinson et al., 2001, S. 592 f.)

Ein wichtiges Ziel der AA ist zum Beispiel die Alkoholabstinenz. Neuere Untersuchungen belegen glaubwürdig, dass die AA es schafft, bei den Problemtrinkern den Alkoholkonsum zu stoppen. So haben beispielsweise Cross et al. (1990) eine Nachuntersuchung an 158 ehemaligen Alkoholikern durchgeführt, die 10 Jahre zuvor eine „Alkoholiker-Therapie" mitgemacht hatten. Wer eine AA-Therapie mitgemacht hatte, konnte mit am ehesten damit rechnen, „trocken" zu bleiben. „Diese Ergebnisse, die die Wirksamkeit der AA belegen, wurden noch einmal nachdrücklich von einer anderen Forschungsgruppe in einer achtjährigen Untersuchung unter Einbeziehung von 628 alkoholabhängigen Personen bestätigt (Humphreys, Moos & Cohen, 1997)" (ebd.). Für den deutschen Sprachraum liegt eine interessante „Studie zur Evaluation von Entwöhnungsbehandlungen" vor, die Christof Löschmann (2000) publiziert hat.

Eine wissenschaftliche Evaluation baut also auf Vergleichen auf. Wenn es nicht möglich ist, eine „Versuchsgruppe" und eine „Kontrollgruppe" zu bilden und deren Ergebnisse zu vergleichen, so muss der evaluative Vergleich anders laufen: zum Beispiel über Längsschnittstudien oder über Gruppenvergleichsuntersuchungen. Nun lässt sich eine sozialpädagogische Maßnahme ja kaum anhand einer (parallel laufenden) Vergleichsgruppe überprüfen, in der „nichts passieren soll" im Vergleich zur Versuchsgruppe. Derlei experimentelle Variationen widersprächen einem ethischen Prinzip, nach dem man nicht mit Menschen, die einem anvertraut sind, „experimentieren" kann (wobei dann die einen in den Genuss einer Aktivität kämen, die anderen nicht). Was aber getan werden kann, ist, die Verlaufsprozesse sozialpädagogischer Aktivitäten genau zu dokumentieren und zu zeigen, welche Voraussetzungen und Umstände zu bestimmten, beobachtbaren Veränderungen beigetragen haben.

Eine Evaluation ist dann im Wesentlichen eine Selbst-Evaluation. Zu diesem Kernpunkt werden wir im nächsten Kapitel noch weiter vorstoßen. Eine Evaluation kann auch über eine Zertifizierung nach den ISO-Normen erfolgen; ein solcher Weg der Qualitätssicherung bzw. der Qualitätsentwicklung kann in gewisser Weise als Evaluierung dienen. Zunächst gehe ich näher auf den Aspekt der Selbst-Vergewisserung ein, den eine Evaluation ermöglicht.

Wie können wir im pädagogischen und sozialen Feld „gute Qualität" feststellen und bewerten? Das ist die Kernfrage, die sich denjenigen stellt, die in pädagogischen und sozialen Einrichtungen verantwortlich tätig sind, und denjenigen, die als Fachleute nach geeigneten Evaluationsformen in diesen Bereichen suchen.

Zweifellos werden objektive Daten in der Öffentlichkeit als Erweis „guter Qualität" bevorzugt. Wenn sich die Methode der Anonymen Alkoholiker, wie oben angedeutet worden ist, rein zahlenmäßig als erfolgreiche Therapiemethode herausstellt, so sprechen diese Daten für sich. Auch im pädagogischen Bereich lassen sich sicher solche „harten Daten" finden: Niedrige Abbrecherquoten bei einer Bildungsmaßnahme zum Beispiel sprechen ebenfalls schon zahlenmäßig für sich und damit für Qualität; die erfolgreiche Vermittlung von Absolventen einer Bildungseinrichtung kann ebenso in Zahlen angegeben werden, was ebenso ein gutes Licht auf die Qualität dieser Einrichtung wirft.

Leider gibt es meist nicht genügend solcher einfachen Indikatoren für gute Arbeit. Oft sagen solche „harten Daten" auch wenig darüber aus, welche gute Arbeit PädagogInnen eigentlich leisten. Wie denn sollte in der Arbeit mit kranken oder alten Menschen beispielsweise die pflegerische Zuwendung gemessen werden, die die Mitarbeiterinnen den Patienten im Krankenhaus oder den Insassen im Altenpflegeheim angedeihen lassen?

In der Tat ist davon auszugehen, dass der alleinige Blick auf objektivierbare Leistungsdaten im pädagogischen und psycho-sozialen Sektor bei weitem nicht ausreicht, um die Arbeit von SozialpädagogInnen, ErwachsenenpädagogInnen etc. zu würdigen. Fachspezifisch ausgedrückt (in der Sprache der Qualitätssicherung): Das wären nur Daten zur „Ergebnisqualität". Die Arbeit von Krankenschwestern und Altenpflegerinnen „messen" wir aber auch an der „Prozessqualität", das heißt daran,

114

wie gut das Pflegepersonal mit den Betroffenen umgeht. Hand in Hand geht damit auch die Frage nach der „Strukturqualität" der jeweiligen Einrichtung.

Die auf Donabedian (1988) zurückgehende Unterscheidung von Strukturqualität, Prozessqualität und Ergebnisqualität hat sich im sozialwissenschaftlichen Bereich weitgehend durchgesetzt. Ich wähle zur Veranschaulichung dieser drei Kategorien den Bereich der beruflichen Weiterbildung. Wenn pädagogische Einrichtungen als Dienstleistungsfirmen Weiterbildungs- und Fortbildungsangebote auf dem freien Markt anbieten und wenn sie ihre Qualität in der Fort- und Weiterbildung zum Beispiel durch eine Zertifizierung sichtbar machen wollen, so wird nach eben diesen drei Bereichen beurteilt: Strukturqualität, Prozessqualität und Ergebnisqualität. Um Beispiele für diese Qualitätskriterien im Bereich der Fort- und Weiterbildung zu nennen:

- Bei der *Strukturqualität* werden zum Beispiel die räumlichen Verhältnisse beurteilt, die Ausstattung, das Lehrmaterial, aber natürlich auch die Qualität des Lehrpersonals.

- Bei der *Prozessqualität* schaut man auf die didaktischen Prozesse, auf die Aktualität des Unterrichts, auf den Praxisbezug der Inhalte, auf Mediennutzung und auf Lernkontrolle.

- Bei der *Ergebnisqualität* schließlich achtet man auf die Prüfungserfolge der Absolventen in den entsprechenden Lehrgängen und darauf, ob die Absolventen auf dem Arbeitsmarkt unterkommen.

Höchst sinnvolle Kriterien also, die in diesem Feld der Weiterbildungseinrichtungen zur Beurteilung von Qualität eingesetzt werden. Es fragt sich nur, ob und inwieweit es möglich ist, alle diese genannten Qualitätsmerkmale in sinnvolle konkrete Prüfschritte umzusetzen.

Kapitel 16
Sich zertifizieren lassen oder sich nicht zertifizieren lassen, das ist hier die Frage

Kehren wir zurück zu der Ausgangsfragestellung von Kapitel 15, inwieweit ein Zertifizierungsprozess zur Selbst-Vergewisserung derer beitragen kann, die in einer pädagogischen oder sozialen Einrichtung arbeiten. Ich versuche im Folgenden, das Pro und Contra einer Zertifizierung zu diskutieren und anhand dieser Diskussion die generelle Frage nach dem Sinn einer Zertifizierung zu beantworten.

Ich nenne vier Argumente gegen die Qualitätssicherung bzw. gegen eine mögliche Zertifizierung und diskutiere diese Argumente:

(1) Die Zertifizierung beschränkt sich – zumindest bei der Qualitätsüberprüfung nach DIN EN ISO 9000 ff. – auf Formales, auf die Überprüfung der Arbeitsabläufe, auf die Informationsflüsse, auf die Dokumentation. Böse Zungen sagen: Wenn ein Rechtsanwaltsbüro zertifiziert ist, dann bedeutet das lediglich, dass die Mitarbeiter im Büro wissen, wo welche Ordner stehen und was in welchen Ordnern abgelegt ist.

Wenn wir diese Aussagen prüfen, so stellt sich in der Tat heraus, dass die Qualitätsüberprüfung im Wesentlichen eine Überprüfung objektivierbarer betrieblicher Vorgänge darstellt. Einzelne Arbeitsschritte aufzulisten, so dass sie mit Hilfe einer Art Checkliste nachvollziehbar und nachprüfbar sind, das ist zu einem großen Teil möglich und vielleicht in einigen Bereichen auch nicht so schwierig. Schwieriger ist die Beurteilung fachlicher Qualität. Aber die Überprüfung objektivierbarer Vorgänge hat ja auch ihren Sinn, denn möglicherweise geht auch viel Zeit und Energie verloren durch chaotische Planungen und durch wenig strukturierte Betriebsabläufe.

Bei ORBIT e.V., dem Organisationsberatungsinstitut Thüringen, haben wir schon bald nach der Gründung des Instituts 1997 dazu entschlossen, uns nach ISO 9002 zertifizieren zu lassen. Unsere Arbeit umfasst immer neue Kontakte zu ganz verschiedenen Einrichtungen und Organisationen; es ist daher von Vorteil, auf einen generellen Ablaufplan zurückgreifen zu können, aus dem ersichtlich ist, wie die einzelnen Schritte nacheinander aussehen; ein solcher „Projektablaufplan" dient als Raster in der Planung und Durchführung eines Projekts, unabhängig von der jeweiligen inhaltlichen Ausprägung des Projekts. Es kann sich also um einen Akquisevorgang handeln, um das Timing der Vorabsprachen mit dem Kunden oder den Fahrplan für vertragliche Vereinbarung über Art und Umfang eines Auftrags.

Die zuletzt genannten Vorgänge sind Teil des Vorlaufs vor Beginn des eigentlichen Projekts. Interessanter wird es natürlich mit Beginn des Projektprozesses selbst. Welche Prüfschritte auch immer im einzelnen durchgeführt werden, sie müssen alle mit Bedacht angegangen werden; es gilt, nichts zu vergessen oder zu vernachlässigen. Auch wenn es sich um starke Formalisierungen handelt – der Geist, der in ihnen weht, ist das entscheidende. Es geht nicht darum, die Zeit mit unnützen Formalia tot zu schlagen: Vielmehr geht es um einen verantwortungsvollen und sorgfältigen Umgang mit den Anliegen von Kunden.

(2) Ein zweites Gegenargument ist, dass eine Zertifizierung, da sie ja im Wesentlichen nur Formales ins Visier nehmen kann, am Eigentlichen vorbeigeht, ja, das die Zertifizierung vielleicht sogar verhindert, dass man ans „Eingemachte" kommt. Das schärfste Argument lautet wie folgt: Qualitätssicherung bzw. Zertifizierung prüft ein Endprodukt, ob es nun ein sinnvolles Produkt ist oder nicht. Nehmen wir beispielsweise eine Firma, die Rettungsringe herstellt. Wenn diese Rettungsringe aus Beton hergestellt werden würden, dann würde eben das Betonprodukt als solches überprüft. Die Betonrettungsringe bekämen als solche beispielsweise das Testurteil „sehr gut", unabhängig von ihrer Bestimmung für die Rettung Schiffbrüchiger oder Ertrinkender.

Dieses drastische Beispiel zeigt, dass natürlich alles Mögliche auf seine Qualität hin überprüft werden kann, wenn man nicht fragt, wozu, wenn man nicht den Sinn erfragt, den etwas haben kann und soll.

Die Zertifizierung nach den ISO-Normen verpflichtet uns in unserem Beratungsinstitut ORBIT e.V., dass wir – für uns selbst und natürlich auch für die Kunden – offen legen, welches unsere Unternehmensphilosophie ist, welches unsere Ziele sind, in welchem Geist wir arbeiten und welches Verständnis von Beratung wir haben. Wir würden also weder Unsinn zertifizieren lassen, noch Unsinniges zur Qualitätsüberprüfung zulassen.

(3) Eine Qualitätsüberprüfung und/oder eine Zertifizierung kosten Geld und belasten die ohnehin knappen Budgets. Die Zertifizierer wollen et-

was verdienen, sie machen uns weis, dass wir das bräuchten, was andere auch haben, dass wir das Gütesiegel bräuchten. So könnte sich ein Selbstläufer ergeben: Einmal etabliert, erweise sich die Zertifiziererei als Zauberlehrling, den man gerufen, aber nun nicht mehr loswerde.

Um mit dem letzten zu beginnen: die Frage der Folgekosten muss geklärt sein. Das ist Sache vertraglicher Vereinbarungen.

Natürlich hat sich um das Zertifizieren herum ein Markt gebildet und natürlich muss man überlegen, ob man sich bloß, weil der Trend es will, zertifizieren lässt bzw. sich einer Qualitätssicherung unterzieht. Am besten, man holt den Rat von Fachleuten ein, lässt sich Kostenvoranschläge machen und entscheidet dann frei. Nicht alles, was neu ist, was „in" ist, ist deshalb schon per se gut. Andersherum: Es ist auch nicht alles schlecht, was neu ist.

Um ein Bild aus dem Bereich der Gesundheitspflege zu verwenden: Es gibt präventive Maßnahmen, die zu empfehlen sind; Vorsorgeuntersuchungen machen auch wiederkehrend einen Sinn. Was für unser leibliches Wohl und unseren biologischen Organismus gilt, gilt auch für den „Organismus" einer Organisation: Auch hier kann ein „Gesundheits-Check" sehr wichtig sein, auch hier kann es angezeigt sein, regelmäßig eine „Vorsorgeuntersuchung" zu durchlaufen. Eine Überprüfung durch eine Zertifizierungsfirma, die wiederholt wird, scheint mir hier durchaus vergleichbar mit individueller Gesundheitspflege.

(4) Sich zertifizieren lassen, bzw. ein Qualitätsmanagement zu starten, kostet Zeit und Energie. Es lohnt sich vielleicht überhaupt nicht, diese Zeit und Energie aufzubringen.

Das ist ein schwerwiegendes Argument, das ernsthaft geprüft werden muss. Weil Zeit eine so knappe und daher kostbare Ressource ist, kann und soll sie nicht sinnlos vergeudet werden. Auch das Energie-Budget ist nicht beliebig dehnbar. Es bedarf einiger Geschicklichkeit, verantwortlich mit den Ressourcen Zeit und Energie umzugehen.

Ein vernünftiges Qualitätssicherungsprogramm bedenkt diese Einschränkungen in Bezug auf den Umgang mit Zeit und Energie bei der Qualitätssicherung. Es ist eine immer wieder geäußerte Erfahrung von Betrieben, Einrichtungen und Organisationen, die sich zertifizieren ließen, dass es zwar ein nicht unerheblicher Aufwand gewesen sei, eine fundierte Qualitätssicherungsmaßnahme zu etablieren. Der Gewinn – so wird aber dann regelmäßig gesagt – sei jedoch ein doppelter: zum einen gebe es die Möglichkeit, nach außen demonstrieren zu können: „Wir sind gut; wir haben uns attestieren lassen, dass wir gut sind. Wir können das Gütesiegel vorzeigen und sind stolz darauf".

Das zweite sei ein interner Gewinn: Der Prozess der Einführung eines Qualitätssicherungssystems ist zugleich ein Reflexionsprozess; er zeigt, wo ein Betrieb steht und was er leistet; im Rahmen der externen Überprüfung findet so etwas wie eine interne Überprüfung statt. Jeder für sich wägt ab, ob er sich mit den Zielen der Firma identifizieren kann, ob er der Philosophie des Unternehmens zustimmt. Und jeder spürt, dass die gemeinsame Suche nach dem Konzept, nach dem Sinn und nach den Aufgaben zusammenschweißt und dass die Arbeit der Systemanalyse und Prozessbeobachtung Früchte trägt. Das Gütesiegel selbst wird dann sekundär. Auch ohne Gütesiegel wird einem bewusst: Wir sind wer, oder wir sind wieder wer. Wir können uns sehen lassen. Unsere Mühe hat sich gelohnt, denn unser Qualitätssicherungsprozess hat uns gezeigt, wo wir stehen, was wir tun, was wir jetzt besser tun.

Kapitel 17
Orientierungsqualität als Maßstab bei der Evaluierung pädagogischer und sozialer Einrichtungen

Die Evaluation sozialer und pädagogischer Einrichtungen hat Hochkonjunktur. In allen Arbeitsfeldern der Jugend- und Sozialhilfe und des Gesundheitswesens geht es darum, „wie bei zurückgehenden Ressourcen (personell und materiell) die Qualität der Dienstleistung dennoch gesichert, möglichst sogar noch gesteigert werden kann" (Maelicke 1997, S. 7). Angesichts der politischen Brisanz der Thematik stellt sich mit Nachdruck die Frage nach geeigneten Kriterien für die Beurteilung professioneller pädagogischer und sozialer Dienstleistungen. Diese Frage wird noch verschärft, wenn es um die Bewertung größerer Einrichtungen im Bereich des Sozialen und des Pädagogischen geht. Wie in Kapitel 15 schon dargelegt, werden drei Kategorien in der Diskussion um Qualitätssicherung von sozialen und pädagogischen Einrichtungen immer wieder genannt: Strukturqualität, Prozessqualität und Ergebnisqualität. Gibt es noch weitere relevante Kategorien? Gibt es eine Kategorie, die das „Sich-Auf-Seine-Qualitäten-Besinnen" mit in Rechnung stellt und die Reflexivität und Orientierungskompetenz als innersystemische Qualitätsmerkmale mit berücksichtigt?

Um diesen Fragen nachzugehen, betrachten wir zunächst den Gegenstand der Beurteilung selbst. Pädagogische Einrichtungen wie Schulen, Volkshochschulen und Hochschulen und soziale Organisationen wie Jugendämter, Erziehungsheime, Trägervereine in der Wohlfahrtspflege, Weiterbildungseinrichtungen, um nur einige Beispiele zu nennen, sind komplexe Größen; als „Evaluationsobjekte" sind sie – ihrer Unübersichtlichkeit wegen – schwer der Beobachtung zugänglich. Bildlich gesprochen sind Organisationen ja als „Landschaften" denkbar: „Organisationen sind wie eine Landschaft: kompliziert, abwechslungsreich und komplex. Und sie verändern sich – mit den Jahreszeiten, mit dem Wetter und mit unserem Ort der Beobachtung ... Unser Erleben ändert sich mit unserer Perspektive" (Dalin 1986, S. 38).

Sollen nun Fachleute ein solches Gebilde nach seinem Leistungsvermögen beurteilen, so stehen ihnen hohe Hürden im Weg. Von entsprechenden Gütemaßstäben für die Bewertung wird verlangt, dass sie die Komplexität und die Dynamik einer Organisation mit in Rechnung stellen. Offensichtlich ist auch, dass sich – je nach Beobachtungsperspektive und Beobachtungshinsicht – das Bild verschieben kann.

Auch wenn wir keine so blumige Definition von Organisation verwenden wie die eben zitierte von Dalin, auch bei einer präziseren Definition dessen, was ich hier als „soziale Einrichtung"[17] und als „pädagogische Einrichtung" bezeichne, werden wir dessen gewahr, dass die Unübersichtlichkeit das größte Hindernis für eine einigermaßen korrekte Fremdbeurteilung ist: Je größer die Organisation, die evaluiert werden soll, desto mehr Strukturelemente müssen berücksichtigt werden, desto mehr (simultan ablaufende!) Interaktionsprozesse müssen erfasst werden. Schon dies ist kaum zu schaffen. Wenn man nun noch hinzu überlegt, dass der „Beobachter" ja keineswegs objektiv sein kann, vielmehr ganz und gar konstruierend vorgeht, so erscheint es schier unmöglich, rein aus der Außenperspektive zu evaluieren.

Nun gibt es Stimmen, die verkünden: „Evaluation macht uns stark!" (Allgäuer 1998). Bringt Qualitätssicherung in sozialen Einrichtungen wirklich Synergie-Effekte hervor? Vertreterinnen und Vertreter, die in ihrem Sozialbetrieb oder an ihrer pädagogischen Einrichtung eine Qualitätssicherungsmaßnahme durchgeführt haben, behaupten dies: Ihre Organisation habe davon deutlich profitiert. Wenn also Evaluation wirklich stark macht, dann kann es sich nicht (oder wesentlich nicht) um die eben skizzierte Fremdevaluation handeln, dann liegt die Quelle für diese Stärke in den sozialen Einrichtungen selbst und in ihrer Selbst-Evaluation. Von außen können Anregungen kommen und kann Unterstützung erfolgen. Der eigentliche Evaluationsvorgang jedoch muss in einer sozialen Einrichtung selbst verankert sein, muss von den Mitarbeiterinnen und Mitarbeitern einer Einrichtung getragen sein, damit er das bewirkt, was er in der „lernenden Organisation" tatsächlich bewirken kann. Wie ich zeigen möchte, lässt sich dieser Effekt „Evaluation macht uns stark!" auch theoretisch herleiten und begründen.

---

[17] Meine Definition des Begriffs „soziale Einrichtung" lautet: Ein Sozialbetrieb ist ein soziales System, das spezifische soziale/sozialpädagogische Aufgaben hat und Ziele verfolgt und dazu (a) aus sich heraus eine Systemstruktur und -dynamik evolviert und (b) unter spezifischen System-Umwelt-Bedingungen agiert. – Analoges gilt für den Begriff „pädagogische Einrichtung".

Ich habe meine Ausführungen in diesem Kapitel mit einer recht einfachen Argumentationsfigur begonnen: Fremdevaluation funktioniere bei der Beurteilung von sozialen Einrichtungen praktisch nicht; Selbst-Evaluation sei die Methode der Wahl. Mache ich mir es mit dieser Festlegung nicht doch etwas zu einfach?

Die zugrundeliegende Leitdifferenz einer Trennung von außen und innen kennen wir aus der systemischen Theorie: Den Außenaspekt geben wir als System/Umwelt-Bezug an, den Innenaspekt verlagern wir auf die systeminternen Prozesse. Diese Trennung von außen und innen mag zwar für Analysezwecke gerechtfertigt sein, ist aber durchaus auch zu problematisieren:

Der Binnen- und der Außenaspekt erscheinen durch die sprachliche Trennung (sie werden sprachlich einzeln mit einem Label versehen) als zwei Entitäten, bilden jedoch funktional eine Einheit. Diese Einheit wird in der Theorie der Selbstorganisation vorausgesetzt, die eben diese funktionale Einheit von Eigenstruktur/Eigendynamik eines Systems und von der Abhängigkeit des Systems von „äußeren" Rahmenbedingungen postuliert (vgl. dazu meine Darlegung in Kapitel 6).

Um dies an einem Beispiel zu illustrieren: Struktur und Dynamik in einem städtischen Jugendamt sind nicht verständlich ohne die organisationalen Rahmenbedingungen, unter denen dieses Amt arbeitet; zu bedenken sind etwa die gesetzlichen Rahmenrichtlinien, die zur Verfügung stehenden finanziellen Ressourcen, die Besonderheiten der Klientel, etc. Zugleich entwickelt sich auch eine spezifische Struktur und Dynamik gleichsam von innen heraus, die jedem Jugendamt quasi einen eigenen „Charakter" verleiht.

Die Figur einer willkürlichen Trennung eines Binnen- und eines Außenaspekts erblicken wir auch in den gegenwärtigen Arbeiten und Diskussionen zur Frage der Evaluation von sozialen Einrichtungen (vgl. Brunner et al., 1998). Wenn wir den eben skizzierten Gedanken einer funktionalen Einheit aufgreifen, so hat Evaluation (als Fremdevaluation auf der einen Seite und als Selbst-Evaluation auf der anderen) zwei Gesichter, die als zwei Seiten einer Medaille in Erscheinung treten: Eine soziale Einrichtung qualifiziert sich aus sich heraus (anders wäre sie wohl nicht in der Lage, „sich auf dem Markt zu behaupten"); das bedeutet, dass sie sich aus sich heraus durch kluge innerbetriebliche Strukturierung, durch planvolle Organisierung,[18] durch sinnvolle Optimierung der Ressourcen, etc. qualifiziert. Zugleich handelt es sich ebenso um eine Qualifizierung, wenn der von außen sichtbare (bzw. nach außen sichtbar gemachte) Erfolg der Arbeit bzw. die von außen erkennbare Zweckerfüllung dieser Einrichtung demonstriert wird.

Würde eine geriatrische Einrichtung, um ein Beispiel zu nennen, eine solche Evaluierung im umfassenden Sinne (innen wie außen) nicht durchhalten, so könnte sie nicht „überleben"; Missstände etwa würden (auf kurz oder lang) durch Minder- und Unterbelegung, durch das Schwinden einer optimalen Arbeitsatmosphäre (hohe Fluktuation des Personals), etc. sowohl aus sich heraus dazu führen, dass diese soziale Einrichtung irgendwann einmal schließen müsste, als auch, dass sie – parallel hierzu ebenso wahrscheinlich – durch eine Intervention der Gesundheitsbehörde oder der Staatsanwaltschaft „quasi von außen" geschlossen werden würde.

Evaluierung findet also laufend statt; Evaluierung ist sowohl ein internal als auch external ablaufender Prozess. Eine Bewertung der sozialen/sozialpädagogischen Arbeit findet immer statt, ist *implizit* immer mitgegeben als ein konstitutives Merkmal der *Selbstregulation* in Bezug auf die Qualität einer sozialen Einrichtung. Selbstverständlich kann dieser implizit stattfindende Selbstregulationsprozess steter Qualifizierung expliziert werden. Dieses Explizieren wird neuerdings häufiger praktiziert bzw. wird heutzutage zunehmend eingefordert.

Ebenso ist die Fremdevaluation ein integrierter Bestandteil dieses (Selbst-) Regulationsprozesses. Gemeint ist hier allerdings die „bezogene Evaluation", nicht die willkürlich von außen gesetzte Fremdevaluation ohne Bezug zu den intern ablaufenden Systemprozessen.

Zur Theorie der sich selbst evaluierenden Organisation nun kann folgendes ausgeführt werden:

Soziale Einrichtungen sind zielgerichtete Systeme; diese Zielerreichung muss – in bestimmten Toleranzgrenzen – gelingen, anders ist das Überleben sozialer Einrichtungen nicht garantiert. Evaluation bzw. Bewertung ist ein Ausdruck von Selbstreferenz eines sozialen Systems: Jede soziale Einrichtung/soziale Organisation legt ständig – bewusst oder

---

[18] Vgl. auch Weicks Hinweise zur Bedeutung von Plänen in Organisationen (Weick, 1995). – Zur grundsätzlichen Problematik von „Selbstreferenz und Planung" vgl. Krohn & Küppers, 1990.

nicht bewusst – vor sich selbst Rechenschaft über die Qualität ihrer Arbeit ab.

Die momentan geführte Debatte um Qualitätssicherungsmaßnahmen in sozialen Einrichtungen verliert ihre Schärfe, wenn bedacht wird, dass das, was soziale Arbeit zur sozialen Arbeit macht, und dass das, was pädagogische Arbeit zur pädagogischen Arbeit macht, selbst ein Qualitätsmerkmal ist, ein implizit stets mitgegebenes Qualitätsmerkmal, das von da her prinzipiell auch explizierbar ist. So gesehen, verstehe ich die Aufregung nicht, die mit der Diskussion um Evaluation verbunden ist: Wenn Qualität ein notwendiger Bestandteil sozialer Arbeit ist, dann kann man sie doch auch nach außen zeigen, dann kann man sie auch vorzeigen.

Nehmen wir das Beispiel einer Behinderteneinrichtung. Sie hat das Ziel, Behinderte professionell zu versorgen und ihnen gegebenenfalls zu ermöglichen, dass sie in geeigneter Form in den Ausbildungs- und/oder Arbeitsprozess eingegliedert werden können. Eine solche Aufgabe ist nur leistbar, wenn die Würde der betreffenden behinderten Menschen im Mittelpunkt stehen und wenn sachlich und fachlich die beste aller Welten für die Behinderten eingerichtet wird. Indem eine Behinderteneinrichtung an dieser Zielvorgabe arbeitet, qualifiziert sie sich.

Dass eine solche soziale Einrichtung sich bei diesem Vorgang des Sich-Qualifizierens verschiedene Stufen von Reflexivität erreichen kann, wird deutlich, wenn wir uns den „Mechanismus" des selbst-referentiellen Handelns genauer anschauen. Ich greife dazu auf ein Konstrukt zurück, das als TOTE-Einheit (Miller et al., 1960) in die Literatur eingegangen ist. Es geht um die Analyse planvollen Handelns: Ein Individuum (oder eine Gruppe von Individuen) vergleicht den erreichten Stand auf dem Weg zu einem Ziel mit Hilfe eines einfachen Rückkopplungsmechanismus; dabei wird ein Ist-Wert mit einem Soll-Wert verglichen (englisch: „test"), aus dem Ergebnis wird eine instrumentelle Handlung gefolgert („operate"), deren wahrscheinlicher Erfolg wiederum mit dem Sollwert verglichen wird (erneuter „test") und die bei genügender Übereinstimmung ausgeführt wird („exit") (Dorsch, 1976, S. 617). Die Anfangsbuchstaben dieser Abfolge „test – operate – test – exit" ergeben das Kunstwort TOTE.

Die TOTE-Einheit ist quasi ein interner Regelkreis, der den Weg zur Zielerreichung „kontrolliert". Individuelle und kollektive Handlungen werden auf diese Weise ständig geprüft: Diese Art von Selbstreferenz schafft also die Voraussetzung für optimales Handeln. Es handelt sich um einen selbst-evaluativen Prozess.

Ich habe weiter oben schon ausgeführt, dass es in diesem Prozess des fortschreitenden Vergleichens (Bewertens) verschiedene Grade von Bewusstheit gibt. Menschliches Handeln kennt etwa das Phänomen des „automatisierten" Handelns; wenn der Autofahrer Gas gibt oder bremst, tun er dies in den allermeisten Fällen, ohne nachzudenken, und kommt auch auf diese Weise (hoffentlich) erfolgreich an sein Ziel (Stufe 0).

Auf einer nächsten Stufe der Reflexivität wird nicht automatisiert gehandelt, das Handeln wird vielmehr bedacht und kognitiv gesteuert. Um das Fahrtziel zu erreichen, stellt der Autofahrer Überlegungen an, welchen Weg er nehmen will, wie viel Zeit dieser Weg vermutlich in Anspruch nimmt, etc. (Stufe 1).

Eine Metaebene hierzu stellt diejenige Form von Reflexivität dar, bei der das Individuum (oder die Gruppe) sein (ihr) Handeln überdenkt, wenn sich aus verschiedenen Gründen die zunächst gedachte Planung nicht realisieren lässt. (Der Autofahrer gerät beispielsweise in einen Stau, beginnt umzudisponieren, etc. pp.) (Stufe 2).

Eine qualitativ besondere Form dieses Meta-Handelns besteht darin, dass diese elaborierte Form von Reflexivität systematisiert und „supervidiert" wird. (Der Autofahrer versucht, verschiedene Strategien in Anwendung zu bringen, um systematisch den Stau zu umfahren; er verfolgt beispielsweise die Verkehrsnachrichten im Rundfunk, erkundigt sich bei kompetenten Stellen danach, wie er am besten sein Ziel erreichen kann; etc. pp.) (Stufe 3).

Diese verschiedenen Stufen von Reflexivität kann man nun mit verschiedenen Qualitätsstufen von Selbst-Evaluation in Verbindung bringen. Die Stufen der Reflexivität korrespondieren mit bestimmten Methoden der Qualitätssicherung, so dass sich auch hier eine Klassifikation ergibt.

Nach der eben entwickelten Abfolge von Reflexionsstufen ergibt sich für die (Selbst-)Evaluation folgende Klassifikation:

STUFE 0

Eine Praxis der Selbst-Evaluation, die „automatisiert" abläuft und sich damit auf der Reflexionsstufe 0 bewegt, betrifft alle Vorgänge in einer sozialen Einrichtung, bei der Handlungsabläufe standardmäßig dokumentiert werden (Tages- und Wochenpläne; Protokolle von Sitzungen; etc. pp). – Sofern eine solche (interne) Dokumentation nach außen gegeben wird, „präsentiert" sich eine Organisation nach außen, ob sie sich dessen bewusst ist oder nicht. Die TOTE-Einheit „läuft automatisch mit".

STUFE 1

Jede kollektive Reflexion des sozialen Handelns findet sich auf einer nächsten Stufe, die dadurch charakterisiert ist, dass das Handeln reflektiert und gegebenenfalls korrigiert wird (Stufe 1). In der Praxis ist dieses Vorgehen weit verbreitet: jedes Teamgespräch, jede Betriebsversammlung hat mehr oder weniger evaluativen Charakter; auch informelle Gespräche („zwischen Tür und Angel"), sofern sie Fachgespräche sind, rechnen hierzu.
In der elaborierten Form findet die reflektierte Form des Handelns ihren Ausdruck in der Formulierung eines *Arbeitskonzepts* bzw. in der *Konzeptbildung*. – Die TOTE-Einheit läuft als bewusster Vorgang.

STUFE 2

Sofern sich die Rahmenbedingungen ändern, sich Hindernisse in den Weg stellen und anderes mehr, wird eine Meta-Stufe notwendig, wie sie etwa in Fehleranalysen sichtbar wird. Der routinemäßig (jedoch bewusst) ablaufende Ist-Soll-Vergleich ergibt eine „Fehlermeldung". In der Praxis werden im einfachsten Fall alternative Handlungsprogramme eingesetzt. Im schwierigeren Fall kommt es zu Krisensitzungen von Teams, gegebenenfalls zu organisationalen Umstrukturierungen. Der selbst-referentielle Prozess ist „verstört"; die TOTE-Einheit wird mehrfach durchlaufen.

STUFE 3

Systematisiert wird diese Reflexion auf der Metaebene durch Anleitung von innen und außen (zum Beispiel durch Organisationsberatung und/oder Supervision). Es handelt sich sozusagen dann um einen „systematisch verstörten selbst-referentiellen Prozess", der durch die „Begutachtung" von außen (also durch Fremdreferenz) angeheizt werden kann.

Welche Konsequenzen hat dieses Modell für die Praxis? Egal, welchen Reflexionsstand in welcher Situation eine soziale Einrichtung auch immer zeigt, sie bewertet sich damit selbst. Dass diese Selbst-Bewertung, Selbst-Evaluation notwendig ist, um überleben zu können, ist das eine, dass sie nach außen mehr oder weniger explizit gemacht werden kann, ist das andere. Zur Stärkung der Organisation trägt beides bei: Das Überlegen, das Nach-Denken, das Planen und gegebenenfalls das Korrigieren auf der einen Seite und die Selbst-Darstellung nach außen auf der anderen Seite. Es entsteht ein Selbst-Bewusstsein: „Wir können etwas *und* wir können das nach außen zeigen!"

Konkret gibt es viele Aktivitäten in sozialen Einrichtungen, die dieses Selbstbewusstsein zu fördern in der Lage sind. Die folgenden Bemerkungen sind nur ein sehr kleiner Ausschnitt davon.

So kann man etwa die Aktivitäten der Fort- und Weiterbildung einzelner Mitarbeiter oder ganzer Mitarbeitergruppen unter dem Gesichtspunkt der Evaluation sehen: Die Teilnahme an der Fort- und Weiterbildung ist insofern eine selbst-Evaluation Maßnahme, als hier ein Abgleich stattfindet: Welchen Standard habe ich als einzelner Mitarbeiter im Vergleich mit den anderen Mitarbeitern der Einrichtung? Welchen Standard haben wir als Mitarbeiter einer Einrichtung im Vergleich mit Mitarbeitern von anderen Einrichtungen?

Oder (vielleicht noch sinnvoller): Welche Standards stelle ich mir/stellen wir uns selbst? Und was muss ich/müssen wir tun, um diese Standards zu erreichen?

Selbst-Evaluation kann natürlich auch mehr oder weniger ritualisiert ablaufen: Angefangen von der eher indirekten Form, die eigene Arbeit nach außen zu präsentieren – wie auch immer – und dabei nicht nur zu sagen: „Hier sind wir", sondern auch: „Das leisten wir"; bis hin zur ausgearbeiteten Form der Erstellung eines „Self-Evaluation-Reports", der nach bestimmten Regeln ausgearbeitet wird. (Für den sozialen Bereich liegt hierzu inzwischen eine ganze Reihe von Publikationen vor, zum Beispiel Heiner, 1996; von Spiegel, 1997; Bundesministerium für Familie, Senioren, Frauen und Jugend, 1996/1997.)

Zu einer eher direkten Form von Selbst-Evaluation sind auch zahlreiche Elemente zu nennen, die bei der sogenannten Zertifizierung von Unternehmen eine Rolle spielen: Wird im Zuge von Qualifizierungsmaßnahmen nach den Normen ISO EN DIN 9000 ff. etwa ein Handbuch erstellt, das interne Betriebsabläufe dokumentiert, so handelt es sich m.E. auch hier um einen Vorgang der Selbst-Evaluation.

Die Fähigkeit einer sozialen Einrichtung, sich des eigenen Handelns bewusst zu sein und die eigenen Aktivitäten zu reflektieren, bezeichne ich summarisch mit dem Begriff „Orientierungsqualität".[19] Neben den vielzitierten Kategorien der „Strukturqualität", „Prozessqualität" und „Ergebnisqualität" halte ich die Kategorie „Orientierungsqualität" für zentral. Die Qualität einer sozialen Einrichtung ist daran festzumachen, welche Reflexionskultur sie aufweist.

Die Reflexionskultur spiegelt sich in allen Facetten einer sozialen Organisation als Orientierungsqualität wider. Die „Philosophie" eines Unternehmens, der „Geist" einer Einrichtung ist es, worauf es ankommt. Insofern kann diese Dimension der Orientierung bei der Beurteilung von sozialen Einrichtungen nicht außer Acht gelassen werden. Sie betrifft im sozialen Bereich ja eine doppelte Orientierung: Die Orientierung der sozial-pädagogisch oder pädagogisch Tätigen und die Orientierung der Klienten/Kunden.

Im Sprachgebrauch der DDR wurde der Begriff „orientieren" in einem doppelten Sinne des Wortes verwendet: „sich orientieren" zum einen und „jemand auf etwas orientieren" zum anderen. Diese doppelte Bedeutung von „Orientierung" scheint mir ein wichtiges Qualitätsmerkmal von Psyche-sozialer und pädagogischer Arbeit in einem Begriff einzufangen. Die Orientierungsqualität einer pädagogischen oder sozialen Einrichtung zeigt sich daran, an was sich die MitarbeiterInnen dieser Einrichtung selbst orientieren und wie sie diejenigen, die ihnen anvertraut sind, orientieren. (Selbst-) Evaluation fördert die Orientierungsqualität.

Evaluation verliert also ihren Schrecken, wenn wir ihren eigentlichen Kern wahrnehmen: Evaluation ist vor allem ein interner Prüfstein, der stets zur Anwendung kommt, ob bei Einzelpersonen oder in Gruppen oder in Organisationen; dieser Prüfstein fordert ein ständiges Abgleichen des augenblicklichen Standes mit einem ins Auge gefassten Zielzustand. Und

---

[19] Den Begriff „Orientierung" verdanke ich meiner Kollegin, Frau Prof. Dr. M. Friedenthal-Haase, Jena (vgl. etwa Friedenthal-Haase, 1998).

wo anders als im beraterischen/therapeutischen oder pädagogischen Bereich sind Profis darauf angewiesen, ständig den Stand des Erreichten zu reflektieren, ständig sich dessen gewahr zu sein, ob Inhalte und Methoden der Beratung/Therapie oder des Unterrichts „stimmig sind", ob sie den Betroffenen „gut tun"!? Diese ständige Herausforderung ist eben auch die Chance; es ist die Chance zu verstärkter Reflexion und die Chance zu möglicher unterstützter Reflexion in Supervision und Organisationsberatung. Diese ständige – mehr oder weniger intensive – Reflexion kann als Selbst-Evaluation ganz verschiedene Formen annehmen, wie ich in diesem Kapitel angedeutet habe. Die Reflexionsfähigkeit ist ein Gütekriterium; Reflexionsqualität – oder wie ich sie nenne: Orientierungsqualität – steht als Gütekriterium neben den bislang erprobten Kriterien „Strukturqualität", „Prozessqualität" und „Ergebnisqualität".

Die Praxis systemischer BeraterInnen und TherapeutInnen beispielsweise zeugt, dessen bin ich mir sicher, von höchster Qualität; wer in diesem Bereich arbeitet, hat etwas vorzuzeigen! Das, was geleistet wird, kann auch als Information nach außen getragen werden. Etwas mehr Public Relations täte den in systemischer Praxis Tätigen ganz gut! Etwas weniger Scheu, ans Licht der Öffentlichkeit zu gehen (das Licht nicht unter den Scheffel zu stellen), wäre meines Erachtens angebracht; denn wenn die interne Qualitätssicherung gelingt, kann sie auch nach außen demonstriert werden (zum Beispiel durch eine Zertifizierung). Hilfen bei diesem Prozess des Nach-außen-Tretens stellen OrganisationsberaterInnen bereit.

Zusammenfassend kann ich sagen: Evaluation ist ein system-immanenter Prozess, der sich in jedem sozialen System quasi als system-erhaltender Prozess abspielt; als selbstorganisiertes Phänomen finden wir Evaluation immer vor: Evaluation ist im Kern Selbst-Evaluation. Den intern ablaufenden Prozess kann man sich bewusst machen und darüber hinaus pflegen; man kann auch qualitätssichernde Maßnahmen nach außen demonstrieren, wie es der Zeitgeist verlangt. Beides bringt Synergie-Effekte hervor durch die Reaktivierung eigener Ressourcen.

Für die Fähigkeit einer sozialen Einrichtung, sich des eigenen Handelns bewusst zu sein und die eigenen Aktivitäten zu reflektieren, wird der Begriff „Orientierungsqualität" vorgeschlagen. Neben der „Strukturqualität", der „Prozessqualität" und der „Ergebnisqualität" zeichnet sich eine soziale oder eine pädagogische Einrichtung durch „Orientierungsqualität" aus. Die Qualität einer sozialen Einrichtung ist daran festzumachen, welche *Reflexionskultur* sie aufweist.

Danksagung

Ich danke allen, die mir bei meiner Wanderung durch die Felder der Organisationsberatung Weg weisend waren:

Meiner Frau, Rose Brunner-Wörner, für viele Ideen und Anregungen zum Aufbaustudiengang „Pädagogische Organisationsberatung" an der Universität Jena; meinem Kollegen Prof. Dr. Dr. Michael Winkler, der meine Pläne zur Einrichtung dieses postgradualen Studiengangs unterstützt hat; meiner Mitarbeiterin Dr. Petra Bauer, die als Ausbilderin hinzukam und den Aufbaustudiengang „Pädagogische Organisationsberatung" mit Tatkraft und Einfühlungsvermögen vorangebracht hat.

Ein besonderer Dank gilt den aktiven Mitgliedern von ORBIT e.V. (Organisationsberatungsinstitut Thüringen) für das gemeinsame Lernen in unserem „Arbeitsforum" und in den Projekten: Petra Bauer, Ines Morgenstern, Ramona Schäfer, Ivonne Scholl, Berit Scholwin, Susanne Volkmar und Thomas Klose.

Wegbereiter für das Konzept der Selbstorganisationstheorie war für mich Prof. Dr. Hermann Haken und sehr viel gelernt habe ich auf meinem Weg zur Synergetik, zur Lehre vom Zusammenwirken, von Priv.-Doz. Dr. Wolfgang Tschacher und Prof. Dr. Günter Schiepek. Immer wieder inspiriert hat mich Prof. Dr. Jürgen Kriz.

Viele Anregungen für das Konzept der Systemischen Organisationsberatung verdanke ich Dr. Gerd Lenz, Priv.-Doz. Dr. Jochen Schweitzer-Rothers, Dr. Walter Schwertl und Elke Zwingmann.

Meine Lehrmeisterin für die Fragen des Qualitätsmanagements war Frau Katrin Müller.

Dem Leiter des Lambertus-Verlags, Herrn Fritz Boll, danke ich für das Interesse und die Unterstützung beim vorliegenden Buchprojekt! Die erfreulich gute Zusammenarbeit bei den Büchern „Organisationen beraten" (Schönig & Brunner, 1993) und „Soziale Einrichtungen bewerten" (Brunner, Bauer & Volkmar, 1998) hat mit dem vorliegenden Buch eine Fortsetzung gefunden.

Quellenhinweise

In einigen Kapiteln dieses Buchs habe ich Textbausteine aus eigenen Vorträgen oder Aufsätzen verwendet.

Kapitel 2 („Organisationsberatung in sozialen und pädagogischen Handlungsfeldern") enthält Textbestandteile aus einem Vortrag im Jahre 1998 auf dem Kongress der Deutschen Gesellschaft für Verhaltenstherapie (DGVT), den ich in der Arbeitsgruppe Beratung (Prof. Dr. Frank Nestmann & Frank Engel) zum Thema: „Pädagogische Organisationsberatung – eine Herausforderung für eine pädagogische Beratungstheorie" gehalten habe. In überarbeiteter Form erschien eine schriftliche Fassung dieses Vortrags in den AUE-Informationen Hochschule und Weiterbildung 2/ 2000, S. 47-52. Der Aufsatz trägt dort den Titel: „Pädagogische Organisationsberatung. Eine Herausforderung für Theorie und Praxis pädagogischer Beratung. Das Beispiel eines innovativen Aufbaustudiengangs an der Universität Jena."

Kapitel 5 („Können Organisationen lernen?") geht auf einen – bisher nicht veröffentlichten – gleichnamigen Vortrag zurück, den ich 1997 auf der vom „Institut für systemische Theorie und Praxis Frankfurt" veranstalteten Tagung „Qualifizierung der Mitarbeiter oder Systemkompetenz in Organisationen" gehalten habe.

In Kapitel 7 habe ich einen längeren Abschnitt aus meiner Antrittsvorlesung zitiert, die ich am 28.10.1997 an der Universität Jena gehalten habe. Der gesamte Text der Antrittsvorlesung ist unter dem Titel „Ordnung und Chaos beim Lernen und Umlernen. Das Beispiel der Rechtschreibreform" erschienen in: „Jenaer Universitätsreden", hrsg. von K. Manger, Bd. 9 (Fakultät für Sozial- und Verhaltenswissenschaften. Antrittsvorlesungen II). Friedrich Schiller Universität: Jena, 1999. S. 191-215.

Kapitel 16 enthält einige Passagen aus einem Vortrag, den ich 1999 auf der „4. Krefelder Fachtagung Soziotherapie der AHG" gehalten habe. Mein Vortrag hatte den Titel: „Qualitätsmanagement und Zertifizierung in sozialen Einrichtungen. Gütesiegel oder Etikettenschwindel?"

Kapitel 17 schließlich basiert auf einem Vortrag, den ich im Rahmen der Tagung „Systemische Therapie- und Beratungsforschung" 1998 an der Universität Heidelberg gehalten habe. Mein Überblicksreferat hatte den

Titel „Evaluation psychosozialer Arbeit – Systemtheoretische Grundlagen und Forschungsmodelle". Eine überarbeitete Fassung dieses Vortrags erschien unter dem Titel „Orientierungsqualität als Maßstab bei der Evaluation sozialer Einrichtungen" in der Zeitschrift „System Familie", 1999, 12, S. 3-8.

Literatur

Allgäuer, R. (1998) Evaluation macht uns stark! Zur Unverzichtbarkeit von Praxisforschung im schulischen Alltag. Bern/Berlin/Frankfurt/New York/Paris/Wien: Peter Lang. (2. durchges. Aufl.)

Atkinson, R.L., Atkinson, R.C., Smith, E.E., Bem, D.J. und Nolen-Hoeksema, S. (2001) Hilgards Einführung in die Psychologie. Heidelberg/Berlin: Spektrum Akademischer Verlag.

Bateson, G. (1988) Mind and nature. A necessary unit. New York: Bantam Books. (Deutsch: Geist und Natur. Eine notwendige Einheit. Frankfurt a.M.: Suhrkamp, 1997. 5. Aufl.)

Bellebaum, A. (2001) Soziologische Grundbegriffe. Eine Einführung für Soziale Berufe. Stuttgart u.a.: Kohlhammer. (13., aktual. Auflage.) (Im Text wird die 4. Auflage von 1974 zitiert.)

Borrmann, W.A. (1984) Organisationsentwicklung. In: Management Enzyklopädie. Lexikon der modernen Wirtschaftspraxis. Bd. 7. Weinheim: Zweiburgen Verlag. S. 338-347.

Brunner, E.J. (1993) Organisationsdynamik. In: W. Schönig & E.J. Brunner, E.J. (Hrsg.) Organisationen beraten. Impulse für Theorie und Praxis. Freiburg i.Br.: Lambertus. S. 95-110.

Brunner, E.J. (1998) Soziale Einrichtungen im Härtetest. Vom Nutzen und Nachteil von Evaluation und Qualitätssicherung für soziale Organisationen. In: E.J. Brunner, P. Bauer und S. Volkmar (Hrsg.) Soziale Einrichtungen bewerten. Theorie und Praxis der Qualitätssicherung. Freiburg i.Br.: Lambertus. S. 8-15.

Brunner, E.J. (1999) Orientierungsqualität als Maßstab bei der Evaluation sozialer Einrichtungen. In: System Familie. Forschung, Beratung und Therapie, 12, S. 3-8.

Brunner, E.J. (2000) Synergieeffekte durch schulische Gruppenarbeit. In: C. Dalbert und E.J. Brunner (Hrsg.) Handlungsleitende Kognitionen in der pädagogischen Praxis. Baltmannsweiler: Schneider-Verlag Hohengehren. S. 95-103.

Brunner, E.J. Von der Vision zum Konzept. Die Schlüsselstellung der Konzeptbildung in der Beratung. In: F. Nestmann & F. Engel (Hrsg.) Die Zukunft der Beratung. Visionen und Projekte in Theorie und Praxis. Tübingen: DGVT-Verlag, 2002.

Brunner, E.J., Bauer, P. und Volkmar, S. (Hrsg.) (1998) Soziale Einrichtungen bewerten. Theorie und Praxis der Qualitätssicherung. Freiburg: Lambertus.

Brunner, E.J. und Winkler, M. (1997) Lernende Organisation. In: SOZIAL EXTRA, 9, S. 21.

Bühler, R. (1987) Betriebswirtschaftliche Organisationslehre. München: Oldenbourg. (3. Aufl.)

Bundesministerium für Familie, Senioren, Frauen und Jugend (Hrsg.) (1996/1997) Materialien zur Qualitätssicherung in der Kinder- und Jugendhilfe. Broschüren 1 bis 14. Bonn

Copei, F. (1958) Der fruchtbare Moment im Bildungsprozess. Heidelberg: Quelle & Meyer. (4. Auflage.)

Dalin, P. (1986) Organisationsentwicklung als Beitrag zur Schulentwicklung. Innovationsstrategien für die Schule. Paderborn/München/Wien/Zürich: Schöningh.

Deutsche Gesellschaft für Evaluation e.V. (2002) Standards für Evaluation. Köln.

Donabedian, A. (1988) The quality of medical care. In: Journal of the American Medical Association, 260, S. 1743-1748.

Dorsch, F. (Hrsg) (1976) Psychologisches Wörterbuch. Bern/Stuttgart/Wien: Verlag Hans Huber. (9. Aufl.)

Enkelmann, N.B. (2002) Führen muss man einfach können. Das ABC der Menschenführung. Wien: Ueberreuter Wirtschaftsverlag.

Foerster, H. von (2000) Das Konstruieren einer Wirklichkeit. In: P. Watzlawick (Hrsg.) Die erfundene Wirklichkeit. München/Zürich: Piper.

Friedenthal-Haase, M. (1998) Orientierung und Reorientierung – Kategorien und Aufgaben lebensbegleitender Bildung. In: R. Brödel (Hrsg.) Lebenslanges Lernen – lebensbegleitende Bildung. Neuwied/Kriftel/Berlin: Luchterhand.

Fries, H.-P. (1999) Betriebswirtschaftslehre des Industriebetriebes. München: Oldenbourg. (5., erg. Aufl.)

Gordon, Th. (2000) Managerkonferenz. Effektives Führungstraining. München: Heyne. (18. Aufl.)

Graf, P. (1996) Konzeptentwicklung. Alling: Sandmann. (2., überarb. Aufl.)

Hahn, O. (1997) Allgemeine Betriebswirtschaftslehre. München: Oldenbourg. (3., überarb. Aufl.)

Haken, H. (1990) Synergetik: Eine Einführung. Nichtgleichgewichts-Phasenübergänge und Selbstorganisation in Physik, Chemie und Biologie. Berlin: Springer. (2. Aufl.)

Haken, H. (1991) Synergetik im Management. In: H. Balck und R. Kreibich (Hrsg.) Evolutionäre Wege in die Zukunft. Wie lassen sich komplexe Systeme managen? Weinheim: Beltz. S. 65-91.

Haley, J. (1988) Problem-Solving Therapy. San Francisco: Jossey-Bass. (2. ed.) (Deutsch: Direktive Familientherapie. Strategien für die Lösung von Problemen. München: Pfeiffer, 1985. 3. Aufl.)

Heiner, M. (Hrsg) (1996) Qualitätsentwicklung durch Evaluation. Freiburg i.Br.: Lambertus.

Heiner, M. (1996) Evaluation zwischen Qualifizierung. Qualitätsentwicklung und Qualitätssicherung. Möglichkeiten der Gestaltung von Evaluationssettings. In: M. Heiner (Hrsg.) Qualitätsentwicklung durch Evaluation. Freiburg: Lambertus. S. 20 ff.

Höhler, G. (2002) Der Sinn-Macher. Warum mutige Männer besser führen. München: Econ.

Klaus, G. (Hrsg.) (1976) Wörterbuch der Kybernetik. Berlin: Dietz. (4., völlig überarb. Aufl.)

Königswieser, R. und Exner, A.: Systemische Intervention. Architekturen und Designs für Berater und Veränderungsmanager. Stuttgart: Klett-Cotta, 1998

Kriz, J. (1992) Chaos und Struktur. Grundkonzepte der Systemtheorie. München: Quintessenz.

Krohn, W. und Küppers, G. (1990) Selbstreferenz und Planung. In: Selbstorganisation, Jahrbuch für Komplexität in den Natur-, Sozial- und Geisteswissenschaften. Bd. 1, Selbstorganisation und Determination. S. 109-127.

Küppers, B.-O. (Hrsg.) (1987) Ordnung aus dem Chaos. Prinzipien der Selbstorganisation und Evolution des Lebens. München: Piper.

Löschmann, Ch. (2000) Multizentrische Studie zur Evaluation von Entwöhnungsbehandlungen. Ein Beitrag zur Qualitätssicherung in der Rehabilitation Abhängigkeitskranker. Frankfurt/M. usw. Peter Lang.

Luhmann, N. & Schorr, K.E. (1979) Reflexionssysteme im Erziehungssystem. Stuttgart: Klett.

Lung, H. (1995) Qualitäts-Kompetenz. Systemische Strategien in Unternehmen. München: Reinhardt.

Maelicke, B. (Hrsg.) (1997) Qualität und Kosten sozialer Dienstleistungen. Baden-Baden: Nomos.

Maelicke, B. (2000) Veränderungsmanagement in der Sozialwirtschaft. Baden-Baden: Nomos.

Malik, F. (2002) Strategie des Managements komplexer Systeme. Bern: Haupt. (7., durchges. Aufl.)

Maturana, H.R. (1982) Erkennen: Die Organisation und Verkörperung von Wirklichkeit. Braunschweig: Vieweg.

Miller, G.A., Galanter, E. and Pribram, K.H. (1960) Plans and the structure of behavior. Holt, New York: Holt. (Deutsch: Strategien des Handelns. Stuttgart: Klett, 1973.)

Müller, K. (1998) Qualitätsmanagement im Sozialbereich. Gefesselte Kreativität? In: E.J. Brunner et al. (Hrsg.) Soziale Einrichtungen bewerten. Theorie und Praxis der Qualitätssicherung. Freiburg i.Br.: Lambertus. S. 239-257.

Schiepek, G. (1997) Ausbildungsziel: Systemkompetenz. In: L. Reiter, E.J. Brunner & St. Reiter-Theil (Hrsg.) Von der Familientherapie zur systemischen Perspektive. Berlin u.a.: Springer. S.181-215. (2., vollst. überarb. Aufl.)

Schönig, W. & Brunner, E.J. (Hrsg.) (1993) Organisationen beraten. Impulse für Theorie und Praxis. Freiburg i.Br.: Lambertus.

Selvini Palazzoli, M., Anolli, L., Di Blasio, P., Giossi, L., Pisano, J., Ricci, C., Sacchi, M. und Ugazio, V. (1995) Hinter den Kulissen der Organisation. Stuttgart: Klett-Cotta. (6. Aufl.)

Simon, F.B. und Stierlin, H. (1999) Die Sprache der Familientherapie: Ein Vokabular. Überblick, Kritik und Integration systemtheoretischer Begriffe, Konzepte und Methoden. Stuttgart: Klett-Cotta. (5., völlig überarb. und erw. Aufl.)

Spiegel H von (1997) Perspektiven der Selbstevaluation. In: Bundesministerium für Familie, Senioren, Frauen und Jugend (Hrsg.) Materialien zur Qualitätssicherung in der Kinder- und Jugendhilfe. Broschüre 11. Bonn, S. 32-48.

Sprüngli, K. (1981) Evolution und Management. Ansätze zu einer evolutionistischen Betrachtung sozialer Systeme. Bern: Haupt.

Stierlin, H. (1995) Das Tun des Einen ist das Tun des Anderen. Eine Dynamik menschlicher Beziehungen. Frankfurt a.M.: Suhrkamp. (7. Aufl.)

Stoner, J., Freeman, R. and Gilbert, D. (1995) Management. London u.a.: Prentice Hall. (Sixth edition.)

Tschacher, W. (1990) Interaktion in selbstorganisierten Systemen. Grundlegung eines dynamisch-synergetischen Forschungsprogramms. Heidelberg: Asanger.

Tschacher, W. (1997) Prozessgestalten. Die Anwendung der Selbstorganisationstheorie und der Theorie dynamischer Systeme auf Probleme der Psychologie. Göttingen u.a.: Hogrefe.

Ulrich, H. (1985) Organisation und Organisieren in der Sicht der systemorientierten Managementlehre. In: Zeitschrift Führung und Organisation, 54, S. 7 ff.

Wagner, R. (2001) Unternehmensführung. Stuttgart: Schäffer-Poeschel.

Watzlawick, P., Beavin, J.H. und Jackson, D.D. (2000) Menschliche Kommunikation. Formen, Störungen, Paradoxien. Bern u.a.: Huber. (10. Aufl.)

Weber, M. (2001) Wirtschaft und Gesellschaft. (Max Weber Gesamtausgabe. Abt. I: Schriften und Reden, Bd. 22.) Tübingen: Mohr Verlag.

Weick, K.E. (1995) Der Prozess des Organisierens. Frankfurt a.M.: Suhrkamp.

Der Autor

Prof. Dr. Ewald Johannes Brunner, Inhaber des Lehrstuhls Pädagogische Psychologie an der Friedrich-Schiller-Universität Jena. Arbeitsschwerpunkte: Theorie und Praxis von Beratung in Familien und Organisationen; Kommunikations- und Interaktionsanalysen.
Weitere Informationen unter: www.EwaldJohannesBrunner.de